國家圖書館出版品預行編目資料

周策縱之漢學研究新典範 / 王潤華著 -- 初
　　版 -- 臺北市：文史哲，民
　99.01
　　　頁；　　公分（文史哲學集成；577）
　含參考書目
　ISBN 978-957-549-880-1 (平裝)

030.7　　　　　　　　　　　　99000711

文史哲學集成　577

周策縱之漢學研究新典範

著　　者：王　　　潤　　　華
出 版 者：文　史　哲　出　版　社
　　　　　http://www.lapen.com.tw
　　　　　e-mail：lapen@ms74.hinet.net
登記證字號：行政院新聞局版臺業字五三三七號
發 行 人：彭　　　正　　　雄
發 行 所：文　史　哲　出　版　社
印 刷 者：文　史　哲　出　版　社
　　　　　臺北市羅斯福路一段七十二巷四號
　　　　　郵政劃撥帳號：一六一八〇一七五
　　　　　電話886-2-23511028・傳真886-2-23965656

實價新臺幣四〇〇元

中華民國九十九年（2010）一月初版

周策縱之漢學研究新典範

王潤華 著

文史哲學集成

文史哲出版社印行

周策縱之漢學研究新典範
― 周策縱的五四學、文化研究、曹紅學、古今語言文字棄園詩學

目　　次

第一章　論國際漢學大師周策縱：學術研究的新典範

一、前不見古人，後不見來者：貫通古今中外，多/跨領域的研究，又具國際視野的漢學大師

　　周策縱教授（1916-2007）博學深思、治學嚴謹。他有百科全書式的記憶與學問、分析與批評驚人的機敏睿智，為人又好俠行義，是學者的學者，教授的教授。即使國際學術界不同行的人，對其學問淵博，橫溢的詩才、教學研究的成就，沒有不深感欽佩與敬仰。像數學大師陳省身教授與他從未見過面，也景仰他的學問與舊詩才華。[1]周教授的朋友與學生，更一致的感嘆，今天從中国大陸到港臺，從北美到歐洲，再也找不到一位像他那樣學識淵博，貫通古今中外，多領域的學問，跨領域的研究，同時又具國際視野與創新觀點的漢學大師。[2]目前全球的大學在理工典範下的人文教育與學術研究，從大學開始，太注重專一的知識，像這樣的古今中外精

1　吳瑞卿，〈周公好詩〉，見王潤華、何文匯、瘂弦（編）《創作與回憶：周策縱七十五壽慶集》（香港：中文大學出版社，1993），頁 61-62。
2　參考《創作與回憶：周策縱七十五壽慶集》所收文章。

通的大師，無論在中國、臺灣或其他地區，恐怕不會再出現
了。我的老師於 2007 年 5 月 7 日逝世，享年九十一高壽。多
年前我重返母校威斯康辛大學訪問，站在十八層的望海樓
（Van Hise）上眺望，我禁不住想起陳子昂的〈登幽州臺歌〉：
「前不見古人，後不見來者，念天地之悠悠，獨愴然而涕下」。

上圖：2003 年在臺灣元智大學為文學語言與資訊科技國際研
　　　討會作主題演講，這是他最後一次出國參加學術研討
　　　會，王潤華與周策縱（右）合影。

　　國際漢學大師周策縱教授在 1994 年退休前，擔任威斯康
辛大學的東亞語文系與歷史系的雙料教授，這是少之又少的
學術榮譽。周教授的教學與研究範圍，廣涉歷史、政治、文
化、藝術、哲學、語言、文字與文學。對我們研究文學的人
來說，就覺得其中以文學成就最大，而在文學、文化、語言
文字等領域，首屈一指享譽海內外的，要數有關現代中國的

思想、文化、文學的《五四運動史》、《紅樓夢》、古典文學與理論研究及對古文字與經典的考釋。幾十年來，周策縱以各種學術職位，利用各種場合，以不同方式、不同角度，積極研究與發揚中國文化。他在 1994 年退休前，在美國威斯康辛大學東亞語言文學系，開設中國文化史、佛學史、哲學史五四研究、中國書法、《易經》、中國語言學史、中國文學批評、研究資料與方法、五四時期的文學等課程，另外他又在歷史系研究所開設了中國歷史的課程與指導歷史碩士／博士論文。他以淵博精深的學識，帶引中外學子們跨越時空，以創新的視野，重新詮釋中華學術問題。

　　周教授由於他著述立論謹慎，所出版的著作不算多，平生由於學問淵博精深、品德崇高、處事公正、好俠行義，除了自己的教學研究，把很多時間用在評審期刊論文與學位論文、教授升等著作審核等方面的學術服務上，像香港、新加坡、馬來西亞的大學的中文系，相互爭取他擔任校外考試委員。所以我說他是「學者的學者，教授的教授」。他自己喜愛閱讀，幾乎無書不讀，無學不問，由於堅持漢學的學術精神與方法，立論謹慎，研究要專、窄、深，往往一篇論文寫了幾十年，像〈中文單字連寫區分芻議〉，竟然 1941 年提出，1954 年寫於哈佛大學，1968 年 1 月發表在《南洋商報》，正式發表在學術刊物上已是四十五年以後的 1987 年。[3]他探討扶桑的那篇論文〈扶桑為榕樹綜考〉[4]，據我所知，六十年代

---

3 羅慷烈主編《教學集》（香港中文大學教育學院二十週年紀念專刊）（香港：中文大學教育學院，1987），頁 135-152。
4 《嶺南學報》第一期（1999 年 10 月），頁 45-118。

我還是他的學生時即開始寫了，一直搜索資料，發表時已是西元一九九九年了，這是名副其實的，使用大量原始資料，屬於窄而深的專題（monograph）的典型研究。

　　許多他要寫的專書或論文都沒有時間寫，其中有一本大書是英文的《中國文學批評史》，在六十年代末就積極進行，他的論文〈詩字古義考〉"The Early History of the Chinese Word *Shih*（Poetry）"[5]就是其中的一章。《古巫醫與「六詩」考：中國浪漫文學探源》論文集中的論文也是構想中國文學理論與批評時想出來的章節[6]，由於他決心用他擅長的名物訓詁，繁瑣的考證，深進入古典文獻

上圖：周策縱教授之〈扶桑為榕樹綜考〉

5　Chow Tse-tsung, "The Early History of the Chinese Word *Shih*（poetry），"in Chow Tse-tsung（ ed）*Wen Lin: Studies in the Chinese Humanities*（ Madison: University of Wisconsin Press, 1968），pp.151-210.
6　周策縱《古巫醫與「六詩」考：浪漫文學探源》（臺北：聯經出版社，1982）。

中確定許多中國文學觀念，可是這樣就需要非常漫長的生命才能完成這項浩大的工程，將近九十歲時，他已明顯的不得不放棄了。

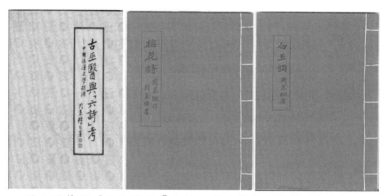

上圖：周策縱《古巫醫與「六詩」考：浪漫文學探源》（臺北：聯經出版社，1982），周策縱自印本詩詞集《梅花詩》、《白玉詞》（1991，王潤華藏），前者周策橫書法，後者周策縱書法。

　　周教授目前已發表中英文的著述[7]來分析，他淵博精深的學識與研究領域，涉及的範圍極廣，包括文學理論、詩詞考評、經典新釋、曹紅學、古今文字學、史學、中西文化、現代化、以及政論、時論。他在另一領域裏，造詣也非常淵博，如書法、繪畫、篆刻、對聯、集句、迴文、新詩及舊體詩詞等。我們也不能忘記，周教授也是一位重要的翻譯家，印度詩人泰戈爾《失群的鳥》與《螢》[8]，還有至今未成集出版的許多西方古今的詩歌《西詩譯萃》。當然周教授也是著名的

7　參考本文末附錄〈周策縱全集目錄〉。
8　二集由白先勇推薦給臺北晨鍾出版社於 1971 年出版。

新詩、舊體詩詞的作家，書法家，他的篆刻、繪畫都有不凡的作品。周教授生前編輯的二十七卷的《周策縱全集》，其所包含，事實上超越這研究與學問範圍。

THE UNIVERSITY OF WISCONSIN
Department of East Asian Languages and Literature
Van Hise Hall
1220 Linden Drive
Madison, Wisconsin 53706

上圖：左周策縱教授為威斯康辛大學東亞語文系刻甲骨文「自東來雨」圖章，用在信紙信封上，成為系徵，右為周教授常用在書法繪畫上的自刻圖章「棄園」與「壯士不能」。

二、多元的學術思考與方法：從中國訓詁考據學考據到西方漢學傳統

　　周策縱教授在1948年5月離開中國到密芝根大學攻讀政治學碩士/博士前，已對中國社會、歷史、文化，包括古文字學有淵博精深的造詣。他的學術研究可說繼承了中國注重版本、目錄、註釋、考據的清代樸學的考據傳統，主張學問重史實依據，解經由文字入手，以音韻通訓詁，以訓詁通義理。《周策縱古今語言文字考論集》[9]中〈說「尤」與蚩尤〉與〈「巫」字探源〉可說是這種治學的集大成。出國後，西方漢學加強同時也突破了這種突破傳統思考方式，去思考中國文化現象的多元性的漢學傳統。

9　《周策縱古今語言文字考論集》（臺北：萬卷樓，2005）。

　　西方傳統的漢學的強點，是一門純粹的學術研究，專業性很強，研究深入細緻。過去西方的漢學家，尤其在西方往往窮畢生精力去徹底研究一個小課題，而且是一些冷僻的、業已消失的文化歷史陳跡，和現實毫無相關。因此傳統的漢學研究不求速效，不問國家大事，所研究的問題沒有現實性與實用法，其研究往往出於奇特冷僻的智性追求，其原動力是純粹趣味。周教授的一些著述如《論對聯與集句》[10]、《破斧新詁：《詩經》研究之一》[11]，《周策縱古今語言文字考論集》中討論龍山陶文的論文[12]，就充分表現「專業性很強，研究深入細緻」西方漢學的治學方法與「奇特冷僻的智性追求」精神。

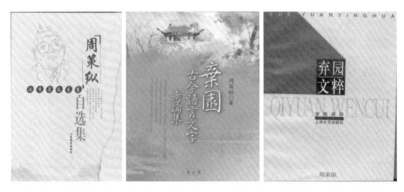

　　上圖：《周策縱自選集》（濟南：山東教育，2005），《周策縱古
　　　　今語言文字考論集》（臺北：萬卷樓，2005），《棄園文粹》
　　　　（上海：上海文藝，1997）。

10　《論對聯與集句》（香港：友聯出版社，1964）。
11　《破斧新詁：《詩經》研究之一》（新加坡：新社，1969）。
12　〈四千年前中國的文史紀實：山東省鄒平縣丁公村龍山文化陶
　　文考釋〉《明報月刊》1993 年 12 號-1994 年 2 月，頁 136-138，
　　92-94，108-111。

　　周教授把中國傳統的考據學與西方漢學的治學方法與精神結合成一體，跨國界的文化視野，給中國的人文學術帶來全新的詮釋與世界性的意義。其英文論文"The Early History of the Chinese Word Shih（poetry）"[13]，他所編輯的兩本 *Wen Lin: Studies in the Chinese Humanities*（《文林：中國人文研究》）的學術研究[14]，代表當時他自己主導的歐美漢學家的學術研究的新方法新方向。

上圖：*Wen Lin: Studies in the Chinese Humanities*（Madison: University of Wisconsin Press），在周策縱的主編下 1968 及 1989 出版了兩輯。

---

13 Chow Tse-tsung, "The Early History of the Chinese Word *Shih*（poetry），"in Chow Tse-tsung（ed）*Wen Lin: Studies in the Chinese Humanities*（Madison: University of Wisconsin Press, 1968）, pp.151-210.
14 第一本由 University of Wisconsin Press,1968 出版；第二本由香港中文大學出版，1989。

三、超越中西文明為典範的詮釋模式：
包容各專業領域的區域研究與中國學

　　上述這種漢學傳統在西方還在延續發展，美國學術界自二次大戰以來，已開發出一條與西方傳統漢學很不同的研究路向，這種研究中國的新潮流叫中國學（Chinese Studies），它與前面的漢學傳統有許多不同之處，它很強調中國研究與現實有相關，思想性與實用性，強調研究當代中國問題。這種學問希望達至西方瞭解中國，另一方面也希望中國瞭解西方。[15]

　　中國研究是在區域研究（Area Studies）興起的帶動下從邊緣走向主流。區域研究的興起，是因為專業領域如社會學、政治學、文學的解釋模式基本上是以西方文明為典範而發展出來的，對其他文化所碰到的課題涵蓋與詮釋性不夠。對中國文化研究而言，傳統的中國解釋模式因為只用中國文明為典範而演繹出來的理論模式，如性別與文學問題，那是以前任何專業都不可能單獨顧及和詮釋。在西方，特別是美國，從中國研究到中國文學，甚至縮小到更專業的領域中國現代文學或世界華文文學，都是在區域研究與專業研究衝激下的學術大思潮下產生的多元取向的學術思考與方法，它幫助學者把課題開拓與深化，創新理論與詮釋模式，溝通世界文化。

---

15 杜維明〈漢學、中國學與儒學〉，見《十年機緣待儒學》（香港：牛津大學出版社，1999），頁 1-33；余英時〈費正清的中國研究〉及其他論文，見傅偉勳、歐陽山（邊）《西方漢學家論中國》（臺北：正中書局，1993），頁 1-44 及其他相關部分。

16

　　第二次世界大戰以後，上述「中國學」的這種研究中國的新潮流的發展，哈佛大學便是其中一個重要中心，到了1950年代，正式形成主流。周教授在這期間，也正好在哈佛擔任研究員[17]，他的成名作《五四運動史》（*The May Fourth Movement: Intellectual Revolution in Modern China*）[18]的完成與改寫出版都在哈佛的中國學的治學方法與學術思潮中進行，他的〈中文單字連寫區分芻議〉，發表於1987年，竟然1954年就寫於哈佛大學[19]，此類專著或論文，完全符合中國研究與現實有相關，思想性與實用性，強調研究當代中國問題的精神。另一方面，區域研究思潮也使該書超越以西方文明為典範而發展出來的專業領域如社會學、政治學、文學的解釋模式，同時更突破只用中國文明為典範而演繹出來的傳統的中國解釋模式。所以《五四運動史》成為至今詮釋五四最權威的著作，成了東西方知識界認識現代新思文化運動的一本入門書，也是今天所謂文化研究的典範。

16　同前註，頁 1-12。

17　周策縱於 1948 年到美國密芝根大學政治系，1950 年獲碩士，1955 年念博士，《五四運動史》，原為博士論文，在完成前，1954年，他在哈佛大學歷史系任訪問學者寫論文，畢業後，1956 至 1960 年又到哈佛任研究員，1961 至 1962 年任榮譽研究員。

18　Chow Tse-tsung, *The May Fourth Movement: Intellectual Revolution in Modern China*（Cambridge, Mass: Harvard University Press, 1960; Stanford: Stanford University Press, 1967）.

19　羅慷烈主編《教學集》（香港中文大學教育學院二十週年紀念專刊）（香港：中文大學教育學院，1987），頁 135-152。

上圖：《五四運動史》（1960）與《五四運動研究
資料》（1963）由哈佛大學出版。

　　《五四運動史》對中國社會、政治、思想、文化、文學
和歷史提出系統的觀察和論斷。該書奠定了作者在歐美中國
研究界的大師地位。這該書使用大量原始史料，包括中、日、
西方語文的檔案資料，這是窄而深的史學專題（monograph）
思想文化專題的典範著作。周教授研究《五四運動史》中所
搜集到的資料本身，就提供與開拓後來的學者研究現代中國
政治、社會、文化、文學各領域的基礎。因此哈佛大學東亞
研究中心也將其出版成書《五四運動研究資料》（*Research
Guide to the May Fourth Movement*）。[20]另外不涉及道德的判
斷或感情的偏向，凸顯出客觀史學（現實主義史學）的特質。
周教授在密芝根大學念的碩士與博士都是政治學，因此社會

---

20 Chow Tse-tsung, *Research Guide to the May Fourth Movement*
（Cambridge, Mass: Harvard University Press, 1963）.

科學（政治、社會、經濟學等）建構了他的現實客觀的歷史
觀，這正是當時西方的主流史學，這點與費正清的社會科學
主導的客觀史學很相似。[21]而且被奉爲在中國研究中，跨越
知識領域研究、文化研究最早的研究典範。周策縱有關中國
社會、政治、文化和歷史的觀察和論斷其他論文，將收集在
《周策縱全集》第七冊《五四與中國知識分子及文化論集》，
另外像《新舊詩文評論集》、《中英文名人小傳》等文集中，
甚至古典研究如《紅樓夢案》，在這些著作裏，周教授都是
在區域研究與專業研究衝激下的學術大思潮下產生的多元取
向的學術思考與方法，把課題開拓與深化，創新理論與詮釋
模式，溝通世界文化。

上圖：左爲《五四運動》的最早（香港明報出版社，1980）
　　　與右最近（南京：江蘇人民出版社，1999）的中譯本。

21　參考余英時〈費正清的中國研究〉，見上引《西方漢學家論中
　　國》，頁 1-44。

　　哈佛大學東亞研究的美國「中國學」的學者主要從外而內研究現代中國的歷史，如費正清（John King Fairbank, 1907-1991）或文化思想如史華慈（Benjamin Schwartz, 1916-1999），只有海陶瑋（James Hightower）研究中國古典文學，但著述不多。這一代哈佛的西方學者，他們的研究如費正清從很創新的如政治、經濟學等社會科學觀點出發，但對於中國的歷史和文化缺乏深厚的知識，又不精通古代漢語與古典文獻，更無能力涉及名物訓詁的問題，因此只有周教授能結合中國研究、西方漢學（Sinology）與中國傳統的考據學（或樸學）去開拓中國古今人文研究的新領域，尤其語言、文字、文化、文學的新領域。

四、結合中國研究、西方漢學（Sinology）與中國傳統的考據學：開拓中國古今人文研究的新領域，尤其語言、文字、文化與文學的新領域。

　　在周策縱的研究中，特別強調綜合性研究的重要意義。他的「曹紅學」研究如代表作《紅樓夢案》所展現之多元思考與方法、跨領域跨學科的綜合研究，比其他的紅學專家具有更強的洞察力與創見性，使他的研究更具首創性。

上圖：《紅樓夢案》，左香港中文大學版，右北京
　　　文化藝術版。

　　「紅學」這名詞在 1875 年已流行使用，主要以評點、題
詠、索隱爲主。胡適在 1921 年發表〈《紅樓夢》考証〉，以
校勘、訓詁、考據來研究《紅樓夢》，被認爲是新紅學的開
始。而周策縱從 1950 年提出以「曹紅學」來稱呼他的新紅樓
夢及其作者的研究，他繼承胡適的「新紅學」，加上的西方
漢學嚴格的態度與古典文獻考證精神、西方社會科學多元的
觀點與方法，在考證、文學分析、和版本校勘幾個領域開拓
了新天地，同時也把語言學、文學批評、比較文學、電腦科
技帶進曹紅學的研究。

　　今天紅學完全忽視詠紅詩，周教授卻注意到《紅樓夢》
讀者的題詠，具有今天西方流行的讀者反應批評（reader
response criticism）的價值：「任何文學作品的評價，都不能
脫離讀者回應，因爲評論者和文學史家本身也就是讀者，都

不能脫離讀者的回應。題詠當然也是讀者回應之一……我當然不是說，題詠可以取代紅學中考證、文論、評點等主流。」[22] 關於《紅樓夢》前八十回與後四十回作者的是否曹雪芹與高鶚的爭論，周策縱始終反對後四十回的作者是高鶚的結論。他放棄不可靠的考據，先後用兩種科學的方法來尋求答案。他是世界上最早採用電腦來分析小說的詞彙出現頻率，來鑑定前八十回與後四十回作者的異同。[23] 另外，周教授又採用清代木刻印刷術來考驗從文獻考據出來的結論的可靠性。根據文獻，程偉元出示書稿到續書印刷出版，只花了十個月左右，根據當時可靠的刻印書作業時間，單單刻印，最快至少要六個月，其實私家印書，字模設備難全，可能更慢。這樣高鶚只有四個月，如何續書二十回？《紅樓夢》情節複雜，千頭萬緒，人物就有九百七十五人。如果曹雪芹花了一、二十年才寫了八十回，高鶚在四個月完成續書二十回，怎麼可能？[24]周教授政治學出身，社會科學治學方法與精神主導其資料分析，講究事實證據，始終嚴格監控著紅學界望文生義的、凭臆測、空疏的解讀。胡適及後來的學者，對清代一首舊詩中的註釋：「《紅樓夢》八十回以後，俱蘭墅所補」的「補」字肯定為「補作」（即續書），而不是修補。[25]

---

22 《紅樓夢案》，頁 XVIII。
23 見前註 12。
24 〈《紅樓》三問〉《紅樓夢案》，頁 24-30。
25 〈胡適的新紅學及其得失〉《紅樓夢案》，頁 40。

上圖：周策縱詠紅詩及其書法圖章。

　　周策縱不但是學者，同時也是有實際創作經驗的作家與藝術家（繪畫、新舊詩、書法，篆刻），對東西方古今文學理論與作品有深入地研究。他研究《紅樓夢》，以他欣賞純文學的洞察能力，常看見別人忽略的問題。譬如脂批本由於出現較早，一般紅學學者就以版本的珍貴價值來決定它的文學價值較高，目前大陸為廣大讀者群出版的《紅樓夢》，竟然把脂批本前八十回代替程高本的前八十回。從小說藝術欣賞與評價的角度，周教授認為程高本較好，如果這是作者的改定稿，那就不能隨意忽略。只有收藏家才說手稿愈早的愈有價值。[26]

26　〈《紅樓》三問〉《紅樓夢案》，頁 30-34。

　　這是周教授的治學視野與方法：「凡古今中外的校勘、訓
詁、考證之術，近代人文、社會、自然科學之理論、方法、
與技術，皆不妨比照實情，斟酌適可而用之。」以他的紅樓
夢研究為例，最能代表他的學術精神。另外他的《周策縱古
今語言文字考論集》也開拓了研究古今語言文字考證的新典
範、新途徑。由於他對經典古籍，非常熟悉，同時又精通古
文字，所以他能根據實物上的古文字，參考經典誤傳、誤讀、
誤釋之文，探索古代未顯的社會生活與思想。從古文字來瞭
解古代文學思想的，〈詩字古義考〉"The Early History of the
Chinese Word *Shih*（poetry）"[27] 及〈古巫對樂舞及詩歌發展
的貢獻〉就是最佳的研究範例，從古文字（銘文考釋）瞭解
古代文物如盛藥酒之壺有〈一對最古藥酒壺之發現：河北省
滿城漢墓出土錯金銀鳥蟲書銅壺銘文考釋〉。[28]從考釋陶文
證實古代有賜靈龜為禮物的文化，如〈四千年前中國的文史
紀實：山東省鄒平縣丁公村龍山文化陶文考釋〉。[29]

五、世界華文文學的新視野

　　由於他與世界各地的作家的密切來往，本身又從事文藝
創作，他對整個世界華文文學也有獨特的見解，具有真知灼
見。他一九四八年到美國後，就自認要繼承五四的新詩傳統，
聯合海外詩人，尤其紐約的白馬社，繼續創作，他所編輯的
《海外新詩鈔》就是中國文學發展的重要的一章，不可被完

---

27 見前註 4。
28 《大陸雜誌》62 卷六七期（1981 年 6 月），頁 1-12。
29 《周策縱古今語言文字考論集》，頁 25-46。

全遺漏。[30]1988 年新加坡作家協會與歌德學院主辦「第二屆華文文學大同世界國際會議：東南亞華文文學」，特地請周教授前來對世界各國的華文文學的作品與研究作觀察報告。他對世界各地的作品與研究的情況，具有專業的看法。在聽取了二十七篇論文的報告和討論後，他指出，中國本土以外的華文文學的發展，已經產生「雙重傳統」（Double Tradition）的特性，同時目前我們必須建立起「多元文學中心」（Multiple Literary Centers）的觀念，這樣才能認識中國本土以外的華文文學的重要性。我後來將這個理論加以發揮，在世華文學研究學界，產生了極大影響。[31]

上圖：1988 年新加坡「第二屆華文文學大同世界國際會議：東南亞華文文學」，周策縱教授（第一排左起五）與世界各地學者/作家合影。

　我們認為世界各國的華文文學的作者與學者，都應該對這兩個觀念有所認識。任何有成就的文學都有它的歷史淵

30　出版時被改名：《紐約樓客：白馬社新詩選》（臺北：漢藝，2004）。

31　第二屆華文文學大同世界國際會議：東南亞華文文學，1988 年八月，論文見《東南亞華文文學》（新加坡：新加坡作家協會與哥德學院，1989），頁 15-19。

源，現代文學也必然有它的文學傳統。在中國本土上，自先秦以來，就有一個完整的大文學傳統。東南亞的華文文學，自然不能拋棄從先秦發展下來的那個「中國文學傳統」，沒有這一個文學傳統的根，東南亞，甚至世界其他地區的華文文學，都不能成長。然而單靠這個根，是結不了果實的，因爲海外華人多是生活在別的國家裏，自有他們的土地、人民、風俗、習慣、文化和歷史。這些作家，當他們把各地區的生活經驗及其他文學傳統吸收進去時，本身自然會形成一種「本土的文學傳統」（Native Literary Tradition）。新加坡和東南亞地區的華文文學，以我的觀察，都已融合了「中國文學傳統」和「本土文學傳統」而發展著。我們目前如果讀一本新加坡的小說集或詩集，雖然是以華文創作，但字裏行間的世界觀、取材、甚至文字之使用，對內行人來說，跟大陸的作品比較，是有差別的，因爲它容納了「本土文學傳統」

东南亚华文文学
Chinese Literature in Southeast Asia

第二届华文文学大同世界国际会议
东南亚华文文学
－德意志联邦共和国主催－

Zweite Internationale Konferenz über
Aspekte chinesischer Literatur:
Die Literatur der Chinesen in Südostasien
-Forschungsbeiträge aus der
Bundesrepublik Deutschland-

2nd International Conference on the
Commonwealth of Chinese Literature:
Chinese Literature in Southeast Asia
- Research Contributions from the
Federal Republic of Germany -

新加坡歌德学院与新加坡作家协会联办
Organised by the
Goethe-Institut Singapore and the
Singapore Association of Writers
15.8.1988 - 19.8.1988
Goethe-Institut Singapore
190 Clemenceau Avenue #06-01
Singapore Shopping Centre
Singapore 0923

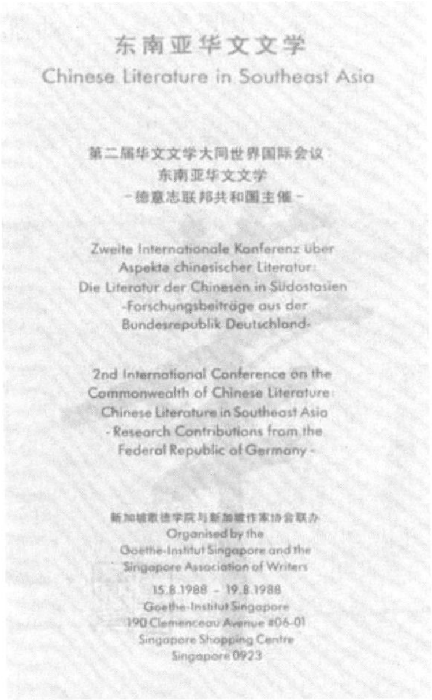

上圖：周教授的「雙重傳統」「多元文學中心」（Multiple Literary Centers）論的觀察報告收集在王潤華等編《東南亞華文文學》（新加坡：歌德學院/新加坡作家協會，1989）。

的元素。[32]

　　當一個地區的文學建立了本土文學傳統之後，這種文學便不能稱之爲中國文學，更不能把它看作中國文學之支流。因此，周策縱教授認爲我們應建立起多元文學中心的觀念。華文文學，本來只有一個中心，那就是中國。可是華人偏居海外，而且建立起自己的文化與文學，自然會形成另一個華文文學中心，目前我們已承認有新加坡華文文學中心、馬來西亞華文文學中心的存在。這已是一個既成的事實。因此，我們今天需要從多元文學中心的觀念來看詩集華文文學，需承認世界上有不少的華文文學中心。我們不能再把新加坡華文文學看作「邊緣文學」或中國文學的「支流文學」。我後來將這個理論加以發揮，在世華文學研究學界，產生了極大影響。[33]

上圖：1988 年在新加坡與馬漢茂、王潤華、宋永毅、李元洛、
　　　周策縱與李瑞騰合影。

32　王潤華等編《東南亞華文文學》（新加坡：歌德學院/新加坡作家協會，1989），頁 359-362。
33　王潤華《從新華文學到世界華文文學》（新加坡：潮州八邑會館，1994），頁 256-272。

　　周策縱教授自己在文學藝術創作上，以身作則，尤其舊詞、現代詩、書法、雕刻、繪畫的藝術都有驚人的成就，相信日後會成爲學者研究的對象。要認識周教授，必須認識它作爲學者、藝術家、作家的、翻譯家等方面的成就。

　　　　上圖：周教授一生努力創作，這是《周策縱舊詩存》
　　　　與《胡說草：周策縱新詩全集》。

六、開拓國際學術/文學事業

　　周策縱對中國學術研究的貢獻並不限於他個人的著作。他的學術事業也一樣重要，其所產生的影響是國際性的。[34]他首先以威斯康辛大學（University of Wisconsin, Madison）爲基地，在長達三十一年（1963-1994）的教學與研究的生涯中，發展以語言文學爲思考角度的中國人文研究的國際學術重

---

34 余英時〈費正清的中國研究〉，見上引《西方漢學家論中國》，頁 15-17。

鎮。這是故意爲了與他出身的哈佛以近現代歷史思想出發的
研究不同。周策縱教授在 1948 年離開中國到密芝根大學攻讀
政治學碩士/博士，1954 至 1962 年中間，他在哈佛大學研究
以五四運動爲中心的中國現代化變遷，作爲回應與挑戰的模
式來解釋中國現代化的進程。1963 年到威大任教後，他明顯
的從以費正清路線研究近代中國的變遷，從外而內，西方影
響下的回應與挑戰的模式，逐漸轉向中國人文研究，尤其語
言文字與文學的領域。他結合了以中國傳統歷史文化爲重心
的歐洲漢學與清代的考據學。他出國前，已對中國社會、歷
史、文化，包括古文字學有淵博精深的造詣。他的學術研究
可說繼承了中國注重版本、目錄、註釋、考據的樸學傳統，
主張學問重史實依據，解經由文字入手，以音韻通訓詁，以
訓詁通義理。周教授從一開始就從中國文化一元論與西方中
心論走向多元文化的思考與方法，主張在西方文化對照下研
究中國傳統文化，但西方文化建立的詮釋模式不能充分解
釋、西方漢學與中國學從外而內的方法也有缺點，常常反溯
到中國傳統是必要的進程。

　　1960 年代中，鑒於中國以外的歐美有兩百多所大專學院
有中文系，加上第二次大戰後，大量中國學者居住在歐美，
使到東西文化交融，因此西方與華人學者，通過國際性創新
的視野，多學科的思考與研究方法，這有助於重新探討中國
文化的必要，尤其是中國的人文問題。[35]所以周教授出任以

35　在美國另一位文史精通的學者余英時也有這種抱負：「我自早年
　　進入是蠻額領域子後，便有一個構想，即在西方（主要是西歐
　　文化系統對照之下，怎樣去認識中國文化傳統的特色。」余英

個人的教學爲研究，另外領導威大的學者，主編《文林》，推動西方學者以多角度多方法的中國人文研究（studies in the humanities），成爲當時西方重要的研究重鎮。[36]

由於周教授的教學與研究範圍，廣涉歷史、政治、文化、藝術、哲學、語言、文字、文學，而且對古今中外的從人文、社會到自然科學都有興趣，各種各樣的學術服務，如校外考試委員、評審期刊論文與學位論文、教授升等著作審核等方面的學術服務上，從北美、歐洲到澳洲，從像香港、臺灣、新加坡、馬來西亞到後來開放的大陸的大學及研究機構，都相互爭取他。至於在研討會發表論文、學術期刊的邀稿，那就更多。這是由於他好動隨和，做人行俠好義，因此都會積極參與上述的活動。

很多學術領域的發展，如五四運動、紅學研究、古文字考釋等等教學課程與研究，就從威斯康辛到歐美，到亞洲，都與他的推動分不開。譬如中國文學批評國際研討會在處女島舉行、紅樓夢國際會議在威大與哈爾濱的舉行，主編《文林》，推動西方學者以多角度多方法的中國人文研究。

周教授另一項貢獻是其他學者所沒有的，就是鼓勵與推動文學創作。他與世界各地、各個世代的作家，從歐美、臺灣、香港、新加坡、大陸都保持密切的聯系。在 1950 年代開始，由於中國大陸的封閉，他就積極參與美國華人的文學藝術運動。文學方面有白馬社，文化方面有《海外論壇》。他

時〈總序〉《文史傳統與文化重建》（北京：三聯，2004），頁 4。
36 出版了兩集，*Wen Lin: Studies in the Chinese Humanities*，vol.1 and vol.2（Madison: University of Wisconsin,1968,1989）.

將自己與黃伯飛、盧飛白、艾山、唐德剛等人，一九四九年留居海外的詩人看作負著繼承大陸五四以後白話詩的傳統的使命，並編有《海外新詩鈔》。[37]由於長期與世界華文作家的交流與鼓勵，很多年輕作家後來都到威大教書或深造，臺灣有丁愛珍、鍾玲、高辛甬、何慶華、張蘋、王曉薇、于念慈、盛孝玲、黃碧端、瘂弦、高信疆、羅智成、周昌龍、楊澤、古蒙仁、蔡振念、范銘如、王萬象，馬來西亞/新加坡有王潤華、淡瑩、黃森同、蔡志禮，香港有何文匯、陳永明，大陸有陳祖言等，這些只是我認識的，還有很多其他的學者。周教授的新詩常發表在《明報月刊》、《香港文學》、《新華文學》、《聯合副刊》、《創世紀》等刊物。他每年都以新舊詩與圖畫與雕刻設計自己的賀卡，作爲聯絡的方式：

上圖：左為 1985 年的賀卡，右為 1986 的賀卡。

37　黃伯飛教授曾說：「策縱兄希望把艾山和我其他幾位的詩放在一起，作爲 1949 年以後居留海外的同好們，繼承五四以後白話詩的傳統的一個集子」，見《創作與回憶：周策縱七十五壽慶集》，頁 117。在臺北出版易名爲《紐約樓客：白馬社新詩選》（臺北：漢藝，2004）。

　　因為當今學者沒有開拓過這個領域，當他的學生們預備為他出版一本「七十五壽慶集」時，他建議以文學創作為主，後來便成為香港中文大學出版的《創作與回憶》，裏面也收集了周公的新舊詩及書畫作品。

上圖：由於周策縱教授的學生多是作家，他們為他祝壽
　　　的文集是一本創作集（香港中文大學出版社，
　　　1993）；右圖是他的水墨畫。

　　同樣的，周教授也跟世界各地的舊詩人與書畫家有密切的關係，新加坡的潘受、大陸的劉旦宅、戴敦邦，香港的饒宗頤，臺灣的董陽之等，他對書畫不止於興趣，也有其專業性，如在 1995 年臺北書法界要編一本民初書法，特別請周教授回來臺北住了幾個月，把《民初書法：走過五四時代》編好。收錄之作品以民國初年通過五四時代為重心，特別是二十世紀前三十年已具影響的人物，目的在表現時代思想精神的源流。選擇這一時代來展出，在於五四是中國歷史上變動極大、極深遠的事件，此書不僅可展示這一時代書法的特徵

和趨向,也可透露社會文化發展的大勢。展出之重要人物有:
胡適、梁啓超、王國維、林語堂、郁達夫、章炳麟、嚴復、
康有爲。[38]就如海外五四新詩運動,五四時代的書法都是周
老師的五四學的大系統論述。

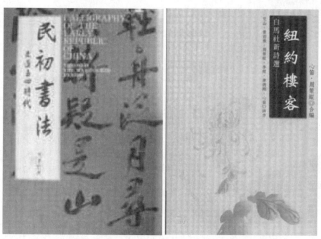

上圖:左周策縱編著《走過五四時代 —— 民初書法》
（臺北:何創時,1995）;右《紐約樓客:白
馬社詩選》（臺北:漢藝,2004）。

　　周策縱教授不但是學問淵博的學者,在讀書、研究、生
活、文學藝術創作上、對同輩或晚輩,具有無限的魅力。世
界各地的中國學者都不遠千里前來拜訪那個稱爲「棄園」的
家,威大所在地「陌地生」在世界華文文學上,幾乎就等於
周策縱的「棄園」,一個充滿傳奇的文學性的地方,啓發了
不少學者與作家。

38　周策縱（編）《民初書法:走過五四時代》（臺北:何創時書法
　　藝術文教基金會,1995）。

上圖：1985 年 11 月大雪後的陌地生棄園（王潤華攝影）。

七、開拓、突破與延伸：從研究到創作，複雜多元性的學者、文人與藝術家

　　周策縱的著作，目前還在編集中的《周策縱全集》，共二十七卷，應該被肯定爲現代中西日漢學研究的典範，也是集大成者。他的全集可大概看出這些研究領域：

（1）　文學理論：《古巫醫與「六詩考」：中國浪漫文學探源》

（2）　紅學研究：《紅樓夢案：棄園紅學論文集》、《首屆國際紅樓夢研討會論文集》（編）、《首屆國際紅樓夢研討會論文集》（編）

（3）　中國現代社會文化思想：《五四運動史》、《五四與中國知識份子及文化論集》

（4）　古今語言文字訓詁考釋：《古今語言文字考論集》

（5）　新舊詩文評論：《新舊詩文評論集》、《詩經考釋》

（6）　古文獻與醫學：《易經、諸子與中國醫學史考論》

（7）　雜體舊詩研究：《論對聯、集句、與回文》〔附創作〕

（8）　書法篆刻：《書法與篆刻論稿》、《民初書法：走過五四時代》（編）

（9）　其他雜著：《論學書劄、序跋，與少作殘留》、《棄園自傳》〔包括自定年譜及口述自傳〕〔附：訪談錄〕

（10）舊詩詞創作集：《棄園詩存》、《白玉詞》

（11）新詩創作集：《給亡命者及其他》、《胡說草》、《海外新詩鈔》、《白馬社新詩選》（編）

（12）翻譯：《失羣的鳥》〔譯泰戈爾詩集〕〔中英對照〕、《螢》〔譯泰戈爾詩集〕〔中英對照〕、《西詩譯萃》〔選譯希臘、羅馬、歐、美古今詩，中英對照〕

（13）英文編著：

- 古代祭祀詞彙考釋
- 首屆國際紅樓夢研討會紀實〔英文及中文〕〔編著〕陳永明中譯
- 文林：中國人文研究〔第一、二卷〕〔編著〕再版中
- 中英文名人小傳〔包括嚴復、陳獨秀、胡適、聞一多等。〕
- 棄園著述目及所藏書

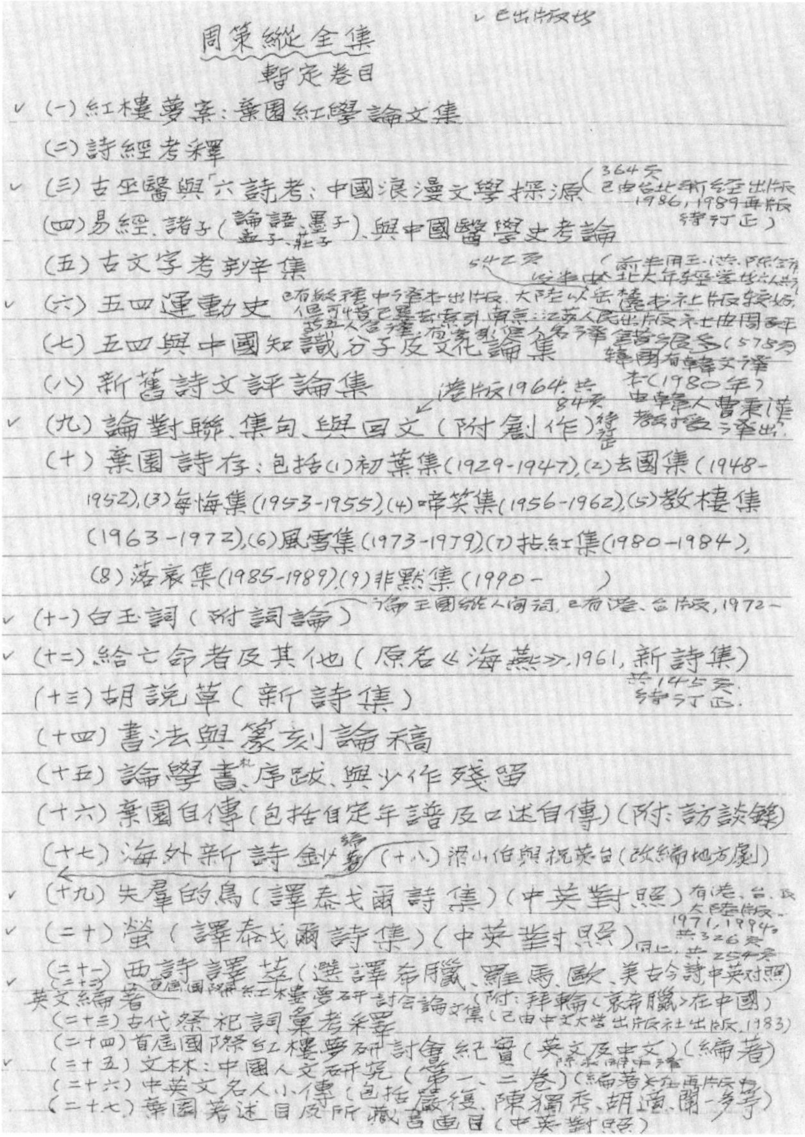

周策縱全集
暫定卷目
✓ (一) 紅樓夢案：棄園紅學論文集
(二) 詩經考釋
✓ (三) 古巫醫與「六詩」考：中國浪漫文學探源
(四) 易經、諸子（論語、墨子、孟子、莊子）與中國醫學史考論
(五) 古文字考釋辛集
✓ (六) 五四運動史
(七) 五四與中國知識分子及文化論集
(八) 新舊詩文評論集
✓ (九) 論對聯、集句、與回文（附創作）
(十) 棄園詩存：包括(1)初葉集(1929-1947)，(2)去國集(1948-1952)，(3)海悔集(1953-1955)，(4)哂笑集(1956-1962)，(5)教樓集(1963-1972)，(6)風雪集(1973-1979)，(7)抱紅集(1980-1984)，(8)落霞集(1985-1989)，(9)非默集(1990-
✓ (十一) 白玉詞（附詞論）
✓ (十二) 給亡命者及其他（原名《海燕》，1961，新詩集）
(十三) 胡說草（新詩集）
(十四) 書法與篆刻論稿
(十五) 論學書、序跋、與少作殘留
(十六) 棄園自傳（包括自定年譜及口述自傳）（附訪談錄）
(十七) 海外新詩鈔纂（十八）梁山伯與祝英台（改編地方劇）
✓ (十九) 失羣的鳥（譯泰戈爾詩集）（中英對照）
✓ (二十) 螢（譯泰戈爾詩集）（中英對照）
(二十一) 西詩譯萃（選譯希臘、羅馬、歐、美古今詩中英對照）
英文編著 (二十二) （附：拜輪《哀希臘》在中國）
(二十三) 古代祭祀詞彙考釋
(二十四) 首屆國際紅樓夢研討會紀實（英文及中文）（編著）
(二十五) 文林：中國人文研究（第一、二卷）（編著）
(二十六) 中英文名人小傳（包括晚後、陳獨秀、胡適、閣一多等）
(二十七) 棄園著述目錄及所藏書畫目（中英對照）

上圖：周策縱教授自編全集目錄草稿

　　周策縱的學術研究，如《五四運動史》的現代中國研究，使到西方的漢學或中國研究，不再停留在只是傳教士或外交官的專利，暴露了他們語言、資料運用、中國知識的限制。他們不是不懂古文、就是不能使用古典文獻、只能做一些小而專的問題研究。周教授打破中國傳統學者與西方漢學家的局限，他能從內而外，外而內去觀察思考問題。當他走進紅學，又暴露了中國或西方紅學家許許多多的弱點，由於學問太過狹窄，他們無法跨越版本考據、純文學的思考、或社會歷史、甚至印刷術、電腦科技，只有周教授能進能出，從下面這段文字，我們知道除了對中國的古文字、歷史文化、經典文獻深厚的知識（這是目前東西方年輕學者的致命傷），更重要的是治學的方法。他採用涵蓋面很廣的詮釋模式，多元的分析方法：「凡古今中外的校勘、訓詁、考證之術，近代人文、社會、自然科學之理論、方法、與技術，皆不妨比照實情，斟酌適可而用之。」

University of Wisconsin-Madison

East Asian
Languages & Literature

上圖：周教授篆刻甲骨文字「自東來雨」，美國威斯康辛大學東亞語文系的系徽。

　　他的學術研究領域繁多，興趣也多元，研究不只是因爲教書的生涯非做不可的工作，而是他的生命與使命。所以每

一項，他都有計劃有野心的進行，可惜生命有限，很多精彩的、突破性的項目，還沒完美地完成，他就走到人生的終點。我上面就曾指出，他的五四學就是一個大系統的計劃，從五四的研究資料與論述開始，然後連接到海外的五四新詩學，自己又親身創作，他的詩集就是一部中國新詩發展史，從自由詩到格律，從現代到後現代詩，他自己都有實驗性的作品。另外除了自己的書法，他的書法研究也與五四掛鈎，成為五四書法的權威。傳統的藝術如書法、繪畫、篆刻，他也有計劃的研究，如《書法與篆刻論稿》（已編好，未出版）與《民初書法：走過五四時代》便是很好的證據，這也證明他不是僅僅玩玩，當作應酬的玩意而已。

　　周老師一生不斷的翻譯世界詩歌名著，我在威斯康辛大學當老師的研究生時，發現他已翻譯好很多未出版的詩歌，我與淡瑩便促請他拿出來，幫他整理整理，其中泰戈爾

上圖：周策縱教授譯作《失羣的鳥》與《螢》。

（Rabindranath Tagore，1861-1941）的《失羣的鳥》（*Stray Birds*）與《螢》（*Fireflies*）便是我們送去給白先勇，由白先敬主持的晨鐘出版社出版。[39]

　　我相信周老師的學術與創作大系統下的各個領域，日後都會成爲學者注意研究的對象。他的複雜性，古今學人物中史無前例、除了上述的學術複雜系統，如研究五四運動，衍生出研究五四文學、五四書法、研究與領導五四海外新詩運動，最後自己也成爲五四新詩的一部發展史。最超越典範的地方，是周教授身兼多棲性的學人、作家與藝術家。他是新舊詩詞的詩人，一生創作不斷，創意無限，努力創造新詩格律，也是新舊詩詞研究專家；他研究書法繪畫，自己也是卓越的書法與水墨畫家，他研究篆刻，也是篆刻家，他研究古文字學，自己也成爲古文字書法家。他研究紅樓夢，自己也是詠紅詩詞家，他研究西方文學，自己也是翻譯家，他重視與肯定海外華文文學，而他也是海外華文作家。

39　《失羣的鳥》（臺北：1971）；《螢》（臺北：1971）。

第二章　古今文字與經典
考釋的新典範

一、漢學大師周策縱結合訓詁考據學、歷史語言
　學、西方漢學、區域研究的治學方法與精神

　　漢學大師周策縱教授（1916-2007）把中國傳統的訓詁考
據學、歷史語言學、西方漢學的治學方法與精神結合成一體，
再加上他的社會科學專業訓練（政治學與史學）與區域研究
中的中國學（Chinese Studies）的現實社會思想相關性問題
研究[1]、跨國界的文化視野，因此開創研究古今人文研究新方
向與方法，給中國人文學術帶來全新的詮釋與世界性的意
義。[2]

---

1 關於西方漢學，中國研究的差異，參考杜維明〈漢學、中國學與
儒學〉，見《十年機緣待儒學》（香港：牛津大學出版社，1999），
頁 1-33；余英時〈費正清的中國研究〉及其他論文，見傅偉勳、
歐陽山（編）《西方漢學家論中國》（臺北：正中書局，1993），
頁 1-44 及其他相關部分。
2 國際漢學大師周策縱教授在 1963 至 1994 年，擔任威斯康辛大學
的東亞語文系與歷史系的教授，周教授的教學與研究範圍，廣涉
歷史、政治、文化、藝術、哲學、語言、文字、文學。1941 年
中央政治學校學士，1948 年離開中國前已對中國社會、歷史、
文化，包括古文字學有淵博精深的造詣。獲密芝根大學政治學碩

　　這位學問淵博的當代西方「漢學」界的大師，就是用東西方文明為典範而發展出來的，涵蓋性很廣的詮釋模式，建構了多元的研究方法，其研究成果在很多中國人文領域中都有開創性的表現。如最早期的代表作，先後由哈佛大學（精裝本 1960）與史丹福大學（平裝本 1967）出版的《五四運動史》（1960，再版 1967）是研究現代中國文化、政治與社會思想的經典之作[3]，香港中文大學出版的《紅樓夢案：棄園紅學論文集》（2000）都是相關領域的經典之作。[4]《棄園古今

　　上圖：《五四運動史》、《紅樓夢案：棄園紅學論文集》與
　　《棄園古今語言文字考論集》。

士（1950）與博士（1955）。1955 至 1962 年在哈佛大學擔任研究員，正是西方漢學（Sinology）轉型成中國研究（Chinese Studies）的重要發展時期，也是區域研究，特別是亞洲研究的成熟期。見本書本人所撰〈國際漢學大師周策縱學術研究的新典範〉。

3 Chow Tse-tsung, *The May Fourth Movement: Intellectual Revolution in Modern China*（Cambridge, Mass: Harvard University Press, 1960; Stanford: Stanford University Press, 1967）.

4 周策縱《紅樓夢案：棄園紅學論文集》（香港：中文大學出版社，2000）。

語言文字考論集》，收集了七篇古文字考釋的論文，五篇有
關現代語言文字的論述，是周教授一生的精心之作，開拓了
古今語言文字考證與研究的新方法、新途徑，這是這個領域
研究的新典範。[5]

二、考釋文字與重建古史的新典範

　　周教授是當今把歷史語言學、社會科學、西方漢學、區
域研究中的中國學結合名物訓詁，文字考釋、經典考證的西
方漢學大師。《棄園古今語言文字考論集》中的第一篇，〈如
何從古文字與經典探索古代社會與思想史〉，是本書各篇的
導讀與方法論，也說明他的治學精神。是當今從事古文字考
釋、歷史語言學學者應該細讀的，具有極大的啟發性。從下
面這段文字，我們知道除了對中國的古文字、歷史文化、經
典文獻深厚的知識（這是目前東西方年輕學者的致命傷），
更重要的是治學的方法。他採用涵蓋面很廣的詮釋模式，多
元的分析方法：「凡古今中外的校勘、訓詁、考證之術，近
代人文、社會、自然科學之理論、方法、與技術，皆不妨比
照實情，斟酌適可而用之。」

---

5 周策縱《棄園古今語言文字考論集》（臺北：萬卷樓，2006）。

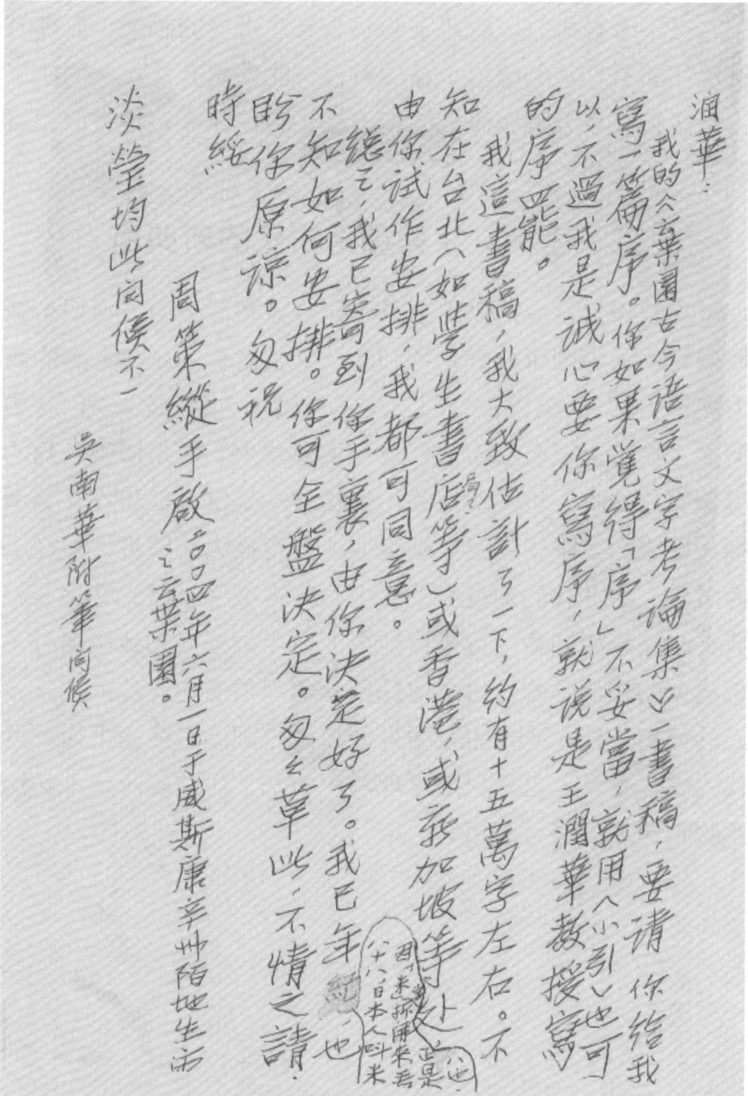

潤華：

我的《棄園古今語言文字考論集》一書稿，要請你給我寫一篇序。你如果覺得「序」不妥當，就用〈小引〉也可以，不過我是誠心要你寫序，就說是王潤華教授寫的序罷。

我這書稿，我大致估計了一下，約有十五萬字左右。不知在台北（如學生書店等）或香港，或新加坡等處由你試作安排，我都可同意。

總之，我已寄到你手裏，由你決定好了。我已年邁，不知如何安排。你可全盤決定。匆匆草此，不情之請，時維你原諒。匆祝

昀你

淡瑩均此問候不一

　　　　　　　　　周策縱手啟 二○○四年六月一日于威斯康辛陌地生活之棄園。

吳南華附筆問候

上圖：2004 年周教授八十八歲，視力體力下滑，感到歲月不多，由書法的疲倦可知，授意王潤華出版《棄園古今語言文字考論集》（臺北：萬卷樓，2006）

　　由於他對經典古籍，非常熟悉，同時又精通古文字，所以他能根據實物上的古文字，參考經典誤傳、誤讀、誤釋之文，探索古代未顯的社會生活與思想。從古文字來瞭解古代文學思想，過去的學者通過金文、甲骨文及其他實物文字之考證，發現古代事實之記載，可以補經典所記之缺遺，或正其錯誤。但在過去，學者局限於考釋文字，未再參考經典著作，重建、改正或發掘出中國古代歷史、社會、與思想。周教授認爲「皆本於據可讀或已認爲正讀之經典著作，考釋新得之古字，或進而以証古史」是正途，由於周教授學問淵深，博學強記，能上天下地般的引經據典，他突破完全依靠考識文字的局限的正途，而開闢另一新途徑。他的方法是：「雖亦據古實物文字與經典，然不必由考識文字；容或有辨正舊釋，以非以此爲主旨；而引用經典，則往往於恒訓常釋之疏失處，或正文棣變傳受之脫誤處，據以推求真相，重建古史。」周教授又指出：「此法於研索古代社會風習，古人日常生活，或觀念思想往往可有所獲。」

　　周教授根據實物上的古文字，參考經典誤傳、誤讀、誤釋之文，探索古代未顯的社會生活與思想，尤其文學思想，成績斐然，從古文字與經典來發現與瞭解古代文學思想的，早期最重要的論文，便是以英文撰寫的長文 "The Early History of the Chinese Word *Shih*（poetry）"（〈詩字古義考〉），多達六十頁。[6]〈古巫對樂舞及詩歌發展的貢獻〉也是最佳的

---

6 Chow Tse-tsung, "The Early History of the Chinese Word *Shih*（poetry），"in Chow Tse-tsung（ed）*Wen Lin: Studies in the Chinese Humanities* （Madison: University of Wisconsin Press, 1968）, pp.151-210.

研究範例，後來還發展成《古巫醫與[六詩]考 —— 浪漫文學探源》，出版成書。[7]通過繁瑣的考證古文字，深入古典文獻中確定許多中國文學觀念，這是建立中國文學思想的新途徑，新典範。這兩篇都是他原本計劃要寫的中國文學批評理論的大書之章節。

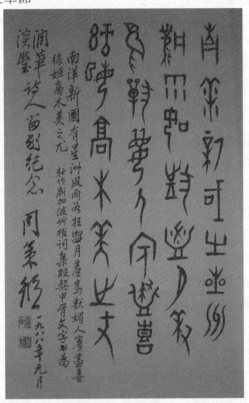

上圖：周教授贈王潤華、淡瑩甲骨文書
法，1988 年書於新加坡國立大學。

7　周策縱《古巫醫與[六詩]考 —— 浪漫文學探源》（臺北：聯經出版社，1982）。

　　這是周教授所說「慎思明辨，察微顯幽，首要在於拾獨立之旁證；次求博會而貫通」的研究示範。這種窄而深的專題研究（monograph），絕非是中國訓詁考證學者的傳統，在中國大陸、臺灣、香港的古文字考證的學者，絕不會這樣撰寫立論。很明顯的是他多年在哈佛做研究（1956-1962）得來的訓練，那時他與哈佛的漢學家與中國學者的研究成果主要便是建立在這種專題研究上。[8]他在哈佛時，出版的《五四運動史》，這是深受現代史學者費正清（John King Fairbank, 1907- 1991），或文化思想如史華慈（Benjamin Schwartz, 1916-1999）領導下研究東亞現代東亞文化、政治外交史典範性的窄而深的專題研究的影響。[9]但周策縱教授卻獨自把中國研究關心現代中國的變遷的學術治學方法轉移到中國語言文字學，哈佛時期寫的收錄在本集中的有〈中文單字連寫區分芻議〉（1954）。

三、從古文字訓詁考釋發現文化科技的新史實

　　西方的漢學與中國的訓詁考據學都以傳統的文字學與歷史為中心，其學術視角很少落在純文學與其他藝術領域。周教授由於具有多學科的訓練與造詣，打破這個舊傳統，他的古文字考據並沒有圍牆，上面提到他通過考釋「巫」與「詩」字，發現了重要的中國文學批評理論與思想。該論文集中，

---

8 余英時〈費正清的中國研究〉及其他論文，見傅偉勳、歐陽山（編）《西方漢學家論中國》（臺北：正中書局，1993），頁 6-7。
9 關於這兩位學者的研究與成就，見余英時〈費正清的中國研究〉，林毓生〈史華慈思想史學的意義〉，見傅偉勳、歐陽山（編）《西方漢學家論中國》（臺北：正中書局，1993），頁 1-44，頁 79-94。

〈一對最古的藥酒壺之發現：河北省滿城漢墓出土錯金銀鳥蟲書銅壺銘文考釋〉從古文字（銘文考釋）發現這是古代文物如盛藥酒之壺，他爲中國科學史、美術工藝史、美術史增加重要的一頁，另外因爲是舊詩與書法家，他又論證出這銘

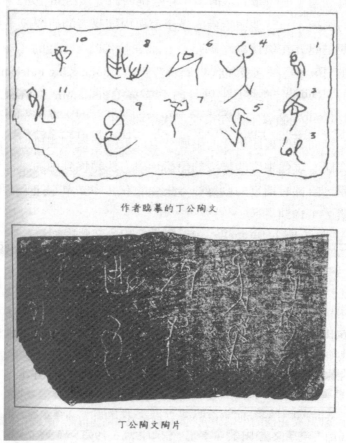

作者臨摹的丁公陶文

丁公陶文陶片

上圖：1993年周教授從古文字與歷史文化考釋山東龍出土十
　　　一個字的陶片，判斷爲夏代早期，引起海內外注意。

文是一首上乘的四言詩、一流的鳥蟲書法。這是一般考據家
沒有具有這麼多的學問與能力。另一篇〈四千年前中國的文
史紀實：山東省鄒平縣丁公村龍山文化陶文考釋〉，爲中國
古代歷史社會文化找回失落的十二項史實紀錄。從十一個字
的陶片，他繁徵博引，詳盡的考釋陶文每個字，一共考證出
十二項重要的發現，包括證實夏代的夏字首先出現在文字
上，夏代有賜靈龜爲禮物的文化及善於觀天象制曆法。周教
授認爲此銘文爲書法高手所寫，又因此可肯定中國文字起源
更早。〈說「尤」與蚩尤〉與〈「巫」字初義探源〉都充分
表現「專業性很強，研究深入細緻」西方漢學的治學方法與
「奇特冷僻的智性追求」精神。

　　像〈說「來」與「歸去來」〉寫於 1965 年，曾油印分發
給朋友學生，1981 年再以十多年的思索的結果加以增刪修
訂。這又是漢學的治學精神與方法：立論謹慎，研究要專、
窄、深，往往一篇論文寫了幾十年。其實這篇論文探討「來」
在古代各種文體中的詞性及其作用，最後論其在陶淵明的〈歸
去來兮辭〉的含義。一般的學者，學文學的，只會在文學的
作品中尋找例子分析，學語言學的，則注意力落在詞性的分
類，但周教授從經史子集中有出現過的「來」字都要檢查一
遍，而且還要放在古文字及古音聲調中去分析。這篇文章除
了是古文字、語言學的研究，也是一篇具有西方新批評的「細
讀」（close reading）來進行的分析，審查每一個字每一句的
相關性，語言文字聲音的有機結構。周教授的這篇論文的分
析「來」字的關聯性，它的存在不是孤立的，所有意義都是
其他文本的重組，因此使人想起 Julia Kristeva 的互涉文本

（intertextuality）。這篇論文代表周教授不但採用歷史訓詁考據學，也採用西方受科學分析的文學批評的方法。以前我在威斯康辛大學修讀他的中國文學批評，他也要我們熟讀西方的文學批評理論與方法，特別是分析法。

四、挑戰與反應：思考現代中國語言文字的改革

我說過周策縱教授是把中國的傳統的訓詁考證與西方漢學治學方法相結合，不但轉向中國古典文史研究，尤其古文字與文學的探討，同時也延伸到現代中國研究。當其他的學者，以挑戰與反應的模式，注重實用性、即時性的課題，把

（一）筆母

從「衷」字取出七筆母，作為排檢漢字的基本符號，與字母的功用相似。其次序係根據下面第二、三條所定辦法得來。

筆母	名稱	代表之筆形	字　例	定義及說明
丶	點		准恬椅策說宗近外金平秦弟亦	未被他筆穿過之點
一	橫		土本耳理堆國	橫畫（或由橫變成斜而尖但不彎的畫）
丨	豎		列木聿軍青呂頁善	垂直而無曲折的畫
口	口		呪國西頁台田	正方形或長方形（耳、門、宮等不算）
㇏	捺		文達走榮之分刈	向右下捺之畫（或被他筆穿過的長點）
丿	撇		策月兆泳尚金善立	彎曲而一端尖的畫
㇇	勾		捌衣家戈也紅西交世又門女乃馬鳥亞近延子互臣稚飛	凡曲折一次或數次的畫

上圖：周教授發明的〈「衷」字七筆檢字法〉。

注意力放在近現代史，尤其外交、政治、貿易的轉變，周教授卻獨自開拓中國現代的語言文字與文化思想。《五四運動史》便是劃時代的經典研究。本集中五篇關於現代中國語言文字的論述，如〈中文單字連寫區分芻議〉、〈我對中國語言文字改革與教學的看法：特論簡化字的問題〉、〈漢語檢字法小史及其要點〉〈「衷」字七筆檢字法〉及〈四聲雜詠〉，就是代表他在挑戰與回應的詮釋模式中，注重實用即時性的精神的主導下，對這個領域的開拓。在第二次世界大戰後，當時美國及歐洲正瞭解到學習中文的重要性，周教授這些改革語言文字思考與觀點，就是在這樣的背景中，從外而內提出的。

我一再說過，由於堅持西方漢學與中國研究的學術精神與方法，立論謹慎，研究要專、窄、深，往往一篇論文寫了幾十年，周教授把這種研究古代歷史文化的精神也運用在現代語言文字的研究上，這是令人驚訝的。像該書中〈中文單字連寫區分芻議〉，竟然早在 1941 年提出，1954 年撰寫於哈佛大學，1968 年發表在新加坡的《南洋商報》上，正式發表在學術刊物上已是四十五年以後的 1987 年。[10]他用精密的統計數字說明，也繁引博徵各種例子來討論中國從古至今從單音變成複音字的趨勢。為了中文教育的普及，周教授提出複音字聯寫，不應該死守單音字的傳統。他以英文為例，說明單音字既已變成複音字，但又保留著單音字的形式，產生許多流弊。此外他也提出簡體、中文書寫橫排的問題。

---

10 羅慷烈主編《教學集》（香港中文人學教育學院二十週年紀念專刊）（香港：中文大學教育學院，1987），頁 135-152。

　　周教授的學術思考與分析，完全著眼於客觀事實，其中絲毫不涉及道德的判斷或民族的感情偏向，這是客觀的、科學化的史學的思考。古今很多問題在他的眼前，只是一個客觀體，這是奉科學為典範下的人文研究。〈中文單字連寫區分芻議〉與〈我對中國語言文字改革與教學的看法：特論簡化字的問題〉便是這樣的作品。當然由於他對古文字學精深的造詣，加上其他學問的淵博，他繁徵博引的論析，有很多開創性的觀點與思考。

　　今天全球華人，包括臺灣都已實行中文橫排，而除了臺灣，半個香港，簡體也在全球被使用。他對簡體字的論見，臺灣與大陸的繁簡文字政策執行者，應該的細心閱讀與思考。周教授的單音字與複音字的組合法，雖然出版印刷沒有實現，但今天他的理論已被電腦中文打字輸入系統採用來辨認字。比如微軟的漢語拼音輸入法，其認字系統，就是建構在複音字與上下文字裏，當我輸入 xiang 它不知道我要的是什麼字，但輸進複音字 xiang gang，它就知道我要「香港」了。「我去學校上英國文學」，開始一個字一個字輸入，它不知道我要的是什麼字，句子完成後，它是根據單音字與複音字自動辨認出我要的句子及其意義：「我去學校上英國文學。」[11]

五、結　論

　　在該論文集中，我們可看出當他把上述的學術造詣轉用到古今語言文字上時，他的百科全書式的窮根溯源，強大的

---

11 Microsoft Pinyin, version 3.0

洞察力，驚人的創見，都是因爲他具有中國傳統訓詁考證與歷史語言學（philology）學者對古今文字與古典文獻的精深淵博學問、西方的漢學家窄而深的冷僻專題研究的專業精神與方法、社會科學系統性的原理與分析能力、包容多種專業的美國區域研究，還有中國研究的實用性與現代性。

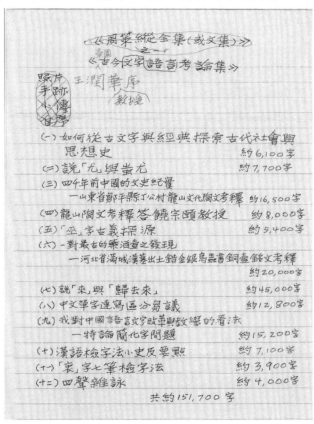

上圖：2004 年周教授親筆草擬《棄園古今語言文字考論集》的目錄。

　　周策縱教授在威斯康辛大學教授最有名的一門課，就是

講授《研究方法與資料》，爲研究中國古今人文歷史各領域
的碩博士生的必修課，凡是修讀過的學者，都感到獲益良多，
終生受用不盡。讀完也論析古今中國語言文字的研究，我又
等於再修讀一次他的《研究方法與資料》，他的研究方法與
精神，適合用在任何研究的領域上。我希望當今年輕的語言
文字學的學者，都可以細心的閱讀周教授這本論文集。

第三章　周策縱的「五四學」：
知識分子領導的「五四」與走向知識時代的「五四」

一、離散/流亡與邊緣思考的「五四」論述：拒絕同化的多元透視力

　　周策縱教授（1916-2007）[1]曾寫自傳，題名〈忽值山河改：半個世紀半個 "亡命者" 的自白〉。[2]他於一九四八年去國，乘輪船赴美途中，做舊詩〈去國〉（1948）抒懷，表明不滿混亂的時局與官場聽命的人生才出國深造，但是還未抵達彼岸，就感到「去國終成失乳兒」之苦，詩末註明一九四八年五月十日寫於美琪郵輪（General Meigs）上：[3]

　　　　萬亂瘡痍欲語誰，卻攜紅淚赴洋西，

　　　　辭官仍作支牀石，去國終成失乳兒。

　　　　抗議從違牛李外，史心平實馬班知，

1　周老師逝世後，臺北中央研究院文哲所出版的《中國文哲研究通訊》，17 卷第 3 期，有周策縱教授紀念專輯，見頁 1-112，在這之前，周老師的朋友與學生曾出版由王潤華、何文匯、瘂弦編《創作與回憶：周策縱教授七十五壽慶集》（香港：中文大學出版社，1993）。

2　這篇自傳收入老師生前已編入他的文集中，《周策縱文集》上冊，即將由香港商務出版社出版。

3　周策縱《周策縱舊詩存》（香港：匯智出版，2006），頁 39。

　　吳門傾側難懸眼，碧海青天憾豈疑。

　　《五四運動史》（*The May Fourth Movement: Intellectual Revolution in Modern China*）[4]第一稿是在 1954 年寫成，1955 年正式通過的密芝根大學政治系博士論文，根據《關於中國的博士論文》書目，原題爲《五四運動及其對中國社會政治發展的影響》（The May Fourth Movement and Its Influence upon China's Social-Political Development）。[5]周策縱於 1948 年到美國，擬進入芝加哥大學，但由於不喜歡芝加哥城市，轉入密芝根大學政治系，1950 年獲碩士，1955 年獲得博士。在前後這些年間，他感到自己四處流亡，就如他的新舊詩集《周策縱舊詩存》與《胡説草：周策縱新詩全集》充分反映其心態，他的新詩〈給亡命者〉（1957）寫的也是自己：[6]

　　　　像受了傷的野獸舐著創傷，

　　　　你鮮紅的血只滴向荒涼的地方。

　　　　爲了潔白的生命而走向漆黑的死亡，

　　　　你高大的墓碑上將只到著兩個大字：反抗。

　　他經歷過典型的放逐與流亡的生活，從打工到哈佛當研

4　1960 年由哈佛大學出版社出版（Harvard University Press）；1967 平裝本由史丹福大學大學出版社出版（Stanford University Press）。

5　Chow Tse-tsung," The May Fourth Movement and Its Influence upon China's Social-Political Development,"（Michigan,1955）, p.861.（密芝根大學的亞洲學會博士論文庫檔案編號：DA15: 1644; UM12,53）. 見，Leonard Gordon and Frank Shulman （eds.）, *Doctoral Dissertations on China*（Seattle: University of Washington Press,1972）, p.68,條目 750.

6　王潤華、周策縱、吳南華編《胡説草：周策縱新詩全集》（臺北：文史哲，2008），頁 302-303。

究員，漂泊不定的知識分子的邊緣思考位置，遠離政治權力，
建構客觀的透視力超強的五四的新論述。

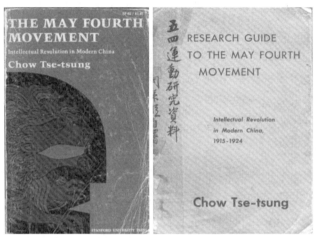

上圖：《五四運動史》（1960）與《五四運動研究
資料》（1963）由哈佛大學出版，普及本
（1967）由史丹佛大學出版社出版。

　　這部論述使人不禁想起薩伊德（Edward Said, 1935-2003）
所說的放逐詩學。這是一個全球作家自我放逐與流亡的大時
代，多少作家移民到陌生與遙遠的土地。這些學者作家與鄉
土，自我與真正家園的嚴重割裂，學者作家企圖擁抱本土文
化傳統與域外文化或西方中心文化的衝擊，給今日世界文學
製造了巨大的創造力。現代西方文化主要是流亡者、移民、
難民的著作所構成。美國今天的學術、知識與美學界的思想
所以如此，因為它是出自法西斯與共產主義的難民與其他政
權的異議分子。整個二十世紀的西方文學與文化，簡直就是

ET（extraterritorial）文學與文化。[7]知識分子原本就位居社會邊緣，遠離政治權力，置身於正統文化之外，這樣知識分子/作家便可以誠實的捍衛與批評社會，擁有令人歎爲觀止的觀察力，遠在他人發現之前，他已覺察出潮流與問題。古往今來，流亡者都有跨文化與跨國族的視野。[8]流亡作家可分成五類：從殖民或鄉下地方流亡到文化中心去寫作；遠離自己的國土，但沒有放棄自己的語言，目前在北美與歐洲的華文作家便是這一類；失去國土與語言的作家，世界各國的華人英文作家越來越多；華人散居族群，原殖民地移民及其代華文作家，東南亞最多這類作家；身體與地理上沒有離開國土，但精神上他是異鄉人。

　　無論出於自身願意還是強逼，思想上的流亡還是真正流亡，不管是移民、華裔（離散族群）、流亡、難民、華僑，在政治或文化上有所同，他們都是置身邊緣，拒絕被同化。在思想上流亡的學者作家，他們生存在中間地帶（median state），永遠處在漂移狀態中，他們既拒絕認同新環境，又沒有完全與舊的切斷開，尷尬的困擾在半參與半遊移狀態中。他們一方面懷舊傷感，另一方面又善於應變或成爲被放逐的人。遊移於局內人與局外人之間，他們焦慮不安、孤獨，四處探索，無所置身。這種流亡與邊緣的作家，就像漂泊不

---

7 Edward Said, "Reflection on Exile," in Russell Ferguson and others （eds.）, *Out There: Marginalisation and Contemporary Cultures* （Cambridge, MA: MIT Press, 1990）, pp.357-366.

8 Edward Said, "Intellectual Exile: Expatriates and Marginals," *The Edward Said Reader* （eds.）, Moustafa Bayoumi and Andrew Rubin （New York: Vintage Books, 2000）, p.371.

定的旅人或客人，愛感受新奇的。當邊緣作家看世界，他以
過去的與目前互相參考比較，因此他不但不把問題孤立起來
看，他有雙重的透視力（double perspective）。每種出現在
新國家的景物，都會引起故國同樣景物的思考。因此任何思
想與經驗都會用另一套來平衡思考，使新舊的都用另一種全
新、難以意料的眼光來審視。[9]

　　在中國近代史上，沒有任何的重要事件像「五四運動」
這樣複雜與容易惹起各種爭議。關於五四運動的書寫，在五
十年代，爭論性的居多，沒有一本書被學術界接受，西方人
對其認識更不正確，所以周策縱老師決定寫一本書確切記錄
其史實，詳細探討其演變和效應。當他在密芝根大學寫博士

上圖：左為《五四運動》的最早中文翻譯本（香港
　　　明報出版社，1980），右為台灣版《五四運動》
　　　（臺灣：桂冠，1989）。

9 Edward Said, "Intellectual Exile: Expatriates and Marginals," *The
  Edward Said Reuder*（eds.），Moustafa Bayoumi and Andrew Rubin,
  p.371.

論文時，便決定把五四看成一件多面性的社會政治事件去描述和研究，由於這是極端複雜而多者爭論性的題目，他的指導老師也反對。根據他的回憶，在 1952 年的一天，他與密西根大學指導老師討論該生的博士論文選題時，提出如此的這建議。預想不到，教授提高了嗓門：「什麼！你說你要寫‘五四’運動，不行！博士論文怎麼可以寫學生暴動？……什麼？說這是中國的文化運動、文藝復興、思想革命？簡直胡鬧！你若是堅持寫這個題目，我們就取消你的獎學金！」這位老師還曾在中國停留多年，因此他憤然而去。[10]

　　《五四運動史》，原為博士論文，在完成前，1954 年，周老師在哈佛大學歷史系任訪問學者寫論文，畢業後，1956 至 1960 年又回返哈佛任研究員，1961 至 1962 年任榮譽研究員。所以哈佛學術研究氛圍與教授對他的五四學之建立，帶來極大的多元的啓發。像胡適（1891-1962）、洪業（洪煨蓮 1893-1980）、楊聯陞（1914- 1990）、費正清（John King Fairbank, 1907-1991）、海陶瑋（James Hightower, 1916-1999），史華慈（Benjamin Schwartz, 1916-1999）、傅吾康（Wolfgang Franke, 1912-2007，1957-58 在哈佛）等人，他們這群多是流亡（洪業、楊聯陞）、離散（史華慈猶太裔美國人）、多元文化（如費正清）。周教授原書英文版的《五四運動史》序文最後的一大段，感謝協助他完成論文撰寫、修改與出版的學者，目前所有中譯本將它刪去，非常可惜。這些精神思想導師，影響了老師的一生學術生涯。他們幾乎

---

10 鍾玲〈翻譯緣起〉《五四運動史》，上冊（香港：明報出版社，1980），頁 iii。

都是哈佛大學與美國的一流學者，很多來自中國與其他亞洲及歐洲漢學者，而且多是自我放逐、流亡的知識分子，他們位居社會邊緣，遠離政治權力，置身於正統文化之外。老師跨文化與跨國族的視野，令人歎爲觀止的觀察力與他們的對話有絕對的密切關系。

　　周策縱教授自從以《五四運動史》建立其「五四學」論述，一生論述五四文化資源，從不間斷。本文雖然以《五四運動史》專書爲主體。但也包含周老師一生爲《五四運動史》之後所撰寫的單篇論文、專訪，其中一部分他生前已編輯成文集《五四及近代思潮》，收入不久後將會出版的《周策縱文集》中，收入的論文如下：[11]

1.　胡適之先生的抗議與容忍
2.　胡適對中國文化的批判與貢獻 ── 胡適先生百歲誕辰紀念講稿
3.　論「胡適研究」與「研究胡適」 ── 一點別識
4.　自由‧容忍與抗議
5.　不能有個反民主反科學的「五四運動」
6.　以五四超越五四
7.　五四思潮對漢學的影響及其檢討
8.　我所見五四運動的重要性 ── 兼「不斷的重新估價一切」
9.　機器代人力，人文濟科技

11　即將收入由香港商務出版社出版的《周策縱文集》。周老師有些論文收入《周策縱自選集》（濟南：山東教育出版社，2004）與《棄園文粹》（上海：上海文藝出版社，1997）。

10. 中外爲體、中外爲用 —— 中國文化現代化芻議
11. 我手寫我心 —— 我們論政的態度
12. 「五四」五十年
13. 胡適風格 —— 胡適先生逝世廿五週年紀念演講

　　周教授的「五四學」就是一個複雜的大系統的研究計劃，從五四運動的研究資料與論述開始，然後連接到五四文學研究，海外的五四新詩學，如《紐約樓客：白馬社新詩選》及《海外新詩鈔》[12]，自己又親身創作，他的詩集就是一部中國新詩發展史，從自由詩到格律，從現代到後現代詩，他自己都有實驗性的作品。另外除了自己的獨創的書法風格，他的書法研究也與五四掛鈎，如《民初書法：走過五四時代》，成爲五四書法的權威。[13]此外周教授一生寫了很多舊詩詞與

上圖：周教授的「五四學」是一個複雜的大系統的研究計劃，包括書法《民初書法：走過五四時代》，海外五四詩歌發展及歷史如《紐約樓客：白馬社新詩選》（2004）《海外新詩鈔》（2010）與《胡說草：周策縱新詩全集》（2008）。

---

12 心笛，周策縱合編《紐約樓客：白馬社新詩選》（臺北：漢藝，2004）。另有王潤華等編《海外新詩鈔》（台北：文史哲，2010）。
13 周策縱（編）《民初書法：走過五四時代》（臺北：何創時書法

新詩，表達自己對五四的看法。這也是研究他的五四論述的重要文獻。[14]

二、周策縱的五四多元史觀：準確地認識過去，幫忙解釋未來

　　周老師回憶在哈佛大學改寫《五四運動史》時，當時哈佛的同事楊聯陞看見他不斷修改，就催他趕快出版：「我們現在著書，只求五十年內還能站的住，就了不起了。我看你這書可以達到這標準。還擔心什麼？」周老師回答說，由於五四是一個可以引起爭論的歷史，他要繼承中國古代史家的兩個優良傳統：「一個是臨文不諱，秉筆直書；另一個是不求得寵與當時，卻待瞭解於後世。」他又指出他當時寫歷史的態度，受了西洋歷史之父希羅多德（Herodotus, 484BC-425BC）之啟發，他的歷史觀要對過去有準確地認識，也可幫忙解釋可能發生類似的事件。羅素（Bertrand Russell, 1872-1970）的多元歷史觀與分析哲學（analytic philosophy）也影響了他對五四史實的詮釋。[15]下面的自我回憶，可幫忙我們瞭解他的突破性的五四論述：

> 在美國的前五年，我多半研讀西洋哲學史、政治理論與制度和東西方歷史。1954 年在哈佛大學當任訪問學

藝術文教基金會，1995）。

14　王潤華、周策縱、吳南華編《胡說草：周策縱新詩全集》（臺北：文史哲，2008）與陳致《周策縱舊詩存》（香港；香港浸會大學中文系，2006）。

15　周策縱〈認知‧評估‧再充：《五四運動》中譯本再版自序〉《五四運動》上冊（香港：明報出版社，1995），頁 i-v。

　　者，寫完博士論文，對五四運動史花了不少時間和精
力。這期間我最關心的問題是中國如何富強，如何吸
收西洋的長處，推動現代化。1956年起再到哈佛任研
究員五六年，在那裏的幾個圖書館的書，使我對中西
漢學有了更多的認識，也使我的治學方向發生了又一
次大轉變。[16]

　　另外啓發周教授的五四史觀是《春秋公羊傳》裏的三句
話。「所見異辭，所聞異辭。所傳異辭。」這三句話使他對
歷史產生兩個敏銳的觀察力。他說：「五四運動本身的複雜
性，和後來各黨派的不同解釋，更使親身參預者、所見者所
聞者、所傳者，前後往往自相矛盾……我還是覺得最先的，
當下的說辭較近於事實。這使我決定大量採用當時報刊的記
載和個人『當下』的『回憶』，對後來的說法和解釋決不得
不審慎不懷疑。這也使我特別注意到『異辭』的問題」。所
以獨立思考，獨立判斷的認知是建構五四論述的基點。[17]

三、超越中西文明典範的詮釋模式：文化研究典範

　　周策縱教授在 1948 年五月離開中國到密芝根大學攻讀
政治學碩士與博士之前，已對中國社會、歷史、文化，包括
古文字學有淵博精深的造詣。他的學術研究可說繼承了注重
版本、目錄、注釋、考據的清代樸學的傳統，主張學問重史

16　周策縱〈序〉《棄園文粹》（上海：上海文藝出版社 1997），頁
　　3-4。
17　周策縱〈認知・評估・再充：《五四運動》中譯本再版自序〉《五
　　四運動》上冊（香港：明報出版社，1995），頁 iii-iv。

實依據，解讀由文字入手，以音韻通訓詁，以訓詁通義理。[18]
《周策縱古今語言文字考論集》中的〈說「尤」與蚩尤〉與
〈「巫」字探源〉可說是這種治學方式的代表作。[19]

　　周教授出國後的學術訓練，本文上面我引用他說過的
話：「在美國的前五年，我多半研讀西洋哲學史、政治理論
與制度和東西方歷史。」他受益最大該是以西方漢學的精神，
突破了中國傳統思考方式。西方漢學的強點，專業性很強，
研究深入細緻。過去西方的漢學家，往往窮畢生精力去徹底
研究一個小課題，而且是一些冷僻的、業已消失的文化歷史
陳跡，和現實毫無相關。因此傳統的漢學研究不求速效，不
問國家大事，所研究的問題沒有現實性與實用法，其研究往
往出於奇特冷僻的智性追求，其原動力是純粹趣味。周教授
的一些著述如《走過五四時代：民初書法》[20]、《論對聯與
集句》[21]、《破斧新詁：《詩經》研究之一》[22]，《周策縱古
今語言文字考論集》中討論龍山陶文的論文[23]，就充分表現
「專業性很強，研究深入細緻」的西方漢學的治學方法與「奇

18　本人有專文討論周老師的做學問的方法不與研究成就，見〈國
　　際漢學大師周策縱：學術研究的新典範〉收入周策縱《棄園古
　　今語言文字考論集》（臺北：文史哲，2006），附錄三，頁 237-255。
19　我在該書代序中已有討論，見〈古今文字與經典考釋的新典範〉
　　《周策縱古今語言文字考論集》，（臺北：萬卷樓，2005），頁
　　1-23。
20　周策縱編《民初書法：走過五四時代》（臺北：何創時書法藝術
　　文教基金會，1995）。
21　《論對聯與集句》（香港：友聯出版社，1964）。
22　《破斧新詁：《詩經》研究之一》（新加坡：新社，1969）。
23　〈四千年前中國的父史紀實：山東省鄒平縣丁公村龍山文化陶
　　文考釋〉《明報月刊》1993 年 12 號-1994 年 2 月，頁 92-94，
　　108-111，136-138。

上圖：《周策縱古今語言文字考論
集》（2005），語言文化考
證是他的古今史學基礎。

特冷僻的智性追求」的研
究精神。

　　周教授把中國傳統的
考據學與西方漢學的治學
方法與精神結合成一體，
跨國界的文化視野，就給
中國的人文學術帶來全新
的詮釋與世界性的意義。
其英文論文 "The Early
History of the Chinese
Word Shih（poetry）"。[24]以
及初稿於 1967 年，完成於
1999 年的六萬多字的論文
〈扶桑爲榕樹綜考〉[25]，周
老師爲了考定扶桑就是榕樹，考釋古代神話、圖畫、出土文
物、古文字中認定、又從歷史、文化中去觀察，舉凡文學、
植物學、文字學的學識都廣泛深入的溝通，另外也前往世界
各地觀察與攝影有關植物。這種跨知識領域的文化研究，是
既典範又前衛。

　　周教授當時編輯的兩本《文林：中國人文研究》（Wen

24 Chow Tse-tsung, "The Early History of the Chinese Word *Shih*
（poetry）,"in Chow Tse-tsung（ed.）*Wen Lin: Studies in the
Chinese Humanities*（Madison: University of Wisconsin Press,
1968）, pp.151-210.
25 周策縱〈扶桑爲榕樹綜考〉《嶺南學報》第一期（1999 年 10 月），
頁 45-118。

Lin: Studies in the Chinese Humanities）的學術研究[26]，代表當時他自己主導的歐美漢學家的跨越學科、知識整合的學術研究的新方法新方向，所以他實際上要建構的就是目前所謂的文化研究。

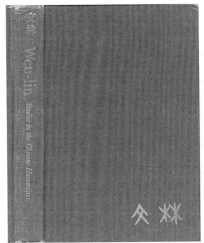

上圖：《文林：中國人文研究》（Wen Lin: Studies in the Chinese Humanities），vols1&2（University of Wisconsin Press, 1968;1989）就是中國文化研究前驅。

　　上述這種漢學傳統在西方還在延續發展的同時，美國學術界自二次大戰以來，已開發出一條與西方傳統漢學很不同的研究路向，這種研究中國的新潮流叫中國學（Chinese Studies），它與前面的漢學傳統有許多不同之處，它很強調中國研究與現實有相關，思想性與實用性，強調研究當代中

26　第一本由 University of Wisconsin Press,1968 出版；第二本由 University of Wisconsin Press 與香港中文大學出版社聯合出版，1989。論文全以英文書寫。

國問題。這種學問希望達到西方瞭解中國，與中國瞭解西方的目的。[27]中國研究是在區域研究（Area Studies）興起的帶動下從邊緣走向主流。區域研究的興起，是因爲專業領域如社會學、政治學、文學的解釋模式基本上是以西方文明爲典範而發展出來的，對其他文化所碰到的課題涵蓋與詮釋性不夠。對中國文化研究而言，傳統的中國解釋模式因爲只用中國文明爲典範而演繹出來的理論模式，如性別與文學問題，那是以前任何專業都不可能單獨顧及和詮釋的。在西方，特別是美國，從中國研究到中國文學，甚至縮小到更專業的領域中國現代文學或世界華文文學，都是在區域研究與專業研究衝擊下的學術大思潮下產生的多元取向的學術思考與方法，它幫助學者把課題開拓與深化，創新理論與詮釋模式，溝通世界文化。[28]

　　第二次世界大戰以後，上述「中國學」的這種研究中國的新潮流的發展，哈佛大學便是其中一個重要中心，到了1950 年代，正式形成主流。周教授在這期間，也正好在哈佛擔任研究員[29]，他的成名作《五四運動史》，原是密芝根大學的博士論文《五四運動及其對中國社會政治發展的影響》，

---

27 杜維明〈漢學、中國學與儒學〉，見《十年機緣待儒學》（香港：牛津大學出版社，1999），頁 1-33；余英時〈費正清的中國研究〉及其它論文，見傅偉勳、歐陽山（編）《西方漢學家論中國》（臺北：正中書局，1993），頁 1-44 及其它相關部分。
28 同前注，頁 1-12。
29 周策縱於 1948 年到美國密芝根大學政治系，1950 年獲碩士，1955 年念博士，《五四運動史》，原爲博士論文，在完成前，1954年，他在哈佛大學歷史系任訪問學者寫論文，畢業後，1956 至1960 年又到哈佛任研究員，1961 至 1962 年任榮譽研究員。

獲得博士學位不久後，費正清，聘他到哈佛東亞問題研究中心從事研究，其中重要的研究項目就是改寫他的五四論述的論文，同時期在哈佛共事的還有洪業、楊聯陞、裘開明（1898-1977）、費正清、海陶瑋、史華慈等，在這些中西學者的「內識」和「外識」的跨學科多元文化與思想的學術環境中，在傳統的西方漢學（Sinology）與新起的中國研究（Chinese Studies）學術思潮中，修改完成並出版他的五四論述。此類專著或論文，完全符合中國研究與現實有相關，思想性與實用性，強調研究當代中國問題以溝通東西文化的瞭解的傾向。另一方面，區域/文化研究思潮也使本書超越以西方文明爲典範而發展出來的專業領域如社會學、政治學、文學的解釋模式，同時更突破只用中國文明爲典範而演繹出來的傳統的中國解釋模式。所以《五四運動史》成爲至今詮釋五四最權威的著作，成了東西方知識界認識現代新思文化運動的一本入門書，也是今天所謂文化研究的典範。

　　《五四運動史》對中國社會、政治、思想、文化、文學和歷史提出系統的觀察和論斷。奠定了作者在歐美中國研究界的大師地位。這本書使用大量原始史料，包括中、日、西方語文的原始檔案，形成窄而深的史學專題（monograph）思想文化專題的典範著作。周教授研究《五四運動史》中所搜集到的資料本身，就提供與開拓後來的學者研究現代中國政治、社會、文化、文學個領域的基礎。因此哈佛大學東亞研究中心也將其出版成書《五四運動研究資料》（*Research*

Guide to the May Fourth Movement）[30]；另外不涉及道德的判斷或感情的偏向，凸顯出客觀史學（現實主義史學）的特質。周教授在密芝根大學念的碩士與博士都是政治學，因此社會科學（政治、社會、經濟學等）建構了他的現實客觀的歷史觀，這正是當時西方的主流史學，這點與費正清的社會科學主導的客觀史學很相似。[31]而且被奉爲在中國研究中，跨越知識領域研究、文化研究最早的研究典範，也是最具國際性、知識領域廣泛性的影響力的專論。

到了七十年代，文化研究領域開啓了之後，文化研究開始成爲重要學術潮流，文化研究者跨越學科，結合了傳統社會學、文學、政治、與及新起的國族問題，來研究現代社會中的複雜文化現象。在《五四運動史》中，周老師已是全面執行文化研究者的思考與方法，時常關注某個現象是如何與意識形態、國族、社會階級與/或性別等議題產生關聯。譬如國際民族主義權威謝佛（Boyd C. Shafer）的《民族主義的各種面貌：新現實與舊神話》（*Faces of Nationalism: New Realities and Old Myths*），認爲國際化日益重要，但國家民族仍然重要，他引用周策縱有關中國五四運動建立的國家民族主義以抵抗外國的侵略，保護領土完整作爲重要證據。[32]文化研究的「文本」（text）不只是書寫下來的文字，還包括

---

30 Chow Tse-tsung , *Research Guide to the May Fourth Movement*（Cambridge, Mass. :Harvard University Press,1963）．
31 參考余英時〈費正清的中國研究〉，見上引《西方漢學家論中國》，頁 1-44。
32 Boyd C. Shafer, *Faces of Nationalism: New Realities and Old Myths*（New York: Harcourt Brace, 1972）．

了口頭訪問、檔案、攝影、報紙、期刊、分析研究的文本對象包含了所有意義的文化產物。他又特別審視文化活動與權力的關係。所以他一生堅持五四是社會政治邊緣的知識分子領導的：[33]

> 二十年代中葉以後，兩大勢力黨團本身也逐漸被少數領導者所控制，各自依照自己的影子、思想模式、和本身利益來解釋務實運動，以便奪取政權，支持和維持他們的統治地位和威權。於是五四運動對自由、民主、科學、人權的熱烈號召，對權威壓迫的強烈抗議精神，就逐步給掩蓋抹殺了。

由於文化研究是研究的客體，同時也是政治批評與政治行動的場域，所以周教授自己最後瞭解到，「野心家打着五四旗號來掩飾五四，利用五四，於是絕大多數中國人民就看不到五四的真正史實，於是我的《五四運動史》也就殃及魚池般在中國本土成為「禁書」達二三十年之久了。」

四、1917-1921 與知識分子主導的「五四運動」

如上所述，早在 1950 年代，周教授敢以薩伊德所謂「邊緣思考」的透視力把五四定義為 1917 到 1921 年的知識分子領導運動，引起極大的爭議，尤其在大陸、臺灣官方或具有政治傾向的學人在八十年代都難於接受。像周老師這些邊緣思考的學者與國土，自我與真正家園的嚴重割裂，企圖擁抱本土文化傳統與域外文化，又受西方中心文化的衝擊。知識

---

33 周策縱〈風潮與火種 ——《五四運動史》中譯本臺灣版自序〉《五四運動史》（臺北：桂冠，1989），頁 1-3。

分子原本就位居社會邊緣，遠離政治權力，置身於正統文化之外，擁有令人歎爲觀止的觀察力，遠在他人發現之前，他已覺察出潮流與問題。古往今來，流亡者都有跨文化與跨國族的視野。在政治或文化上，他們都是置身邊緣，拒絕被同化。

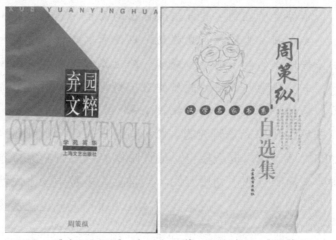

上圖：《棄園文粹》（上海文藝，1997）與《周策縱自
　　　選集》（濟南：山東教育，2004）都有五四論述
　　　的單篇論文。

周老師的英文原著書名是 *The May Fourth Movement: Intellectual Revolution in Modern China*，扉頁上自題中文書名是《五四運動史》。英文書名中的 Intellectual Revolution 沒有標準的翻譯，可解作「思想革命」或「知識革命」，其實英文 Intellectual Revolution 包含兩者。他認爲五四的啓蒙一切從知開始：

　　　這「知」字自然不只指「知識」，也不限於「思想」，
　　　而是包含一切「理性」的成分。不僅如此，由於這是

　　　　用來兼指這是「知識分子」所領導的運動，因此也不
　　　　免包含有行動的意思。

　　所以五四的重要性在於青年知識分子抗議精神和對政治
組織、社會制度、倫理思想和文化文學改革。在這個前提下，
對傳統重新估價以創造一種新文化，而這種工作須從思想知
識上改革著手：用理智來說服，用邏輯推理來代替盲目的倫
理教條，破壞偶像，解放個性，發展獨立思考，以開創合理
的未來社會。

　　周教授把五四定義為 1917 到 1921 年的知識分子領導運
動，他特別指出：

　　　　1924 以後。中國兩大政黨受了蘇聯的影響，吸引知識
　　　　分子參加五四革命，拋棄了「五四」早期思想文化革
　　　　新的理想和作風。我認為這是扭曲和出賣了以個性解
　　　　放、人道主義、自由、民主、科學思想為主軸的「五
　　　　四精神」。

　　他斷定五四運動時期主要為 1919 到 1921 年，因為 1924
年以後，中國兩大政黨受了蘇聯的影響，吸引知識分子革命，
拋棄五四早期思想文化革新的理想和作風，他認為那是扭曲
了五四精神。[34]他堅持的論點，至今為國際學術界所重視。
但是卻被在大陸與臺灣的官方與主流學術界所難於接受：五
四是知識分子所主導的，是一項多面性的社會政治文化思想
的啟蒙運動，大前提是對傳統重新估價以創新一種新文化，
而這種工作須從思想知識上改革著手，用理智來說服，用邏

---

34 周策縱〈認知・評估・再充：《五四運動》中譯本再版自序〉《五
　　四運動》上冊（香港：明報出版社，1995），頁 i-xii。

輯推論來代替盲目的倫理教條，破壞偶像。解放個性，發展
獨立思考，以開創合理的未來社會。五四思潮不是反傳統主
義，而是革新知識，拋棄舊的不好的傳統。因爲它提倡理智
和知識，現在五四精神仍然重要，因爲它引導中國走向未來
的知識時代。

　　在《五四運動史》中的時限的斷定，都非常的審慎，而
且多元化。他在 1991 年的演講中，再次的解釋：[35]

　　　　至於「五四運動」的時限，我在書中曾指出，當時的
　　　　思想轉變與學生活動，主要集中於 1917 到 1921 這五
　　　　年之間；不過，我同時也強調，這個運動不應限制在
　　　　這五年，最低限度可以擴充爲 1915 到 1924 這十年，
　　　　因而我早在哈佛出版的第二本書《五四運動研究資料
　　　　史》時，索性把標題示爲 1915 到 1924。我之所以把
　　　　1924 年定爲五四運動的下限，主要因爲是年國共正式
　　　　合作，著手以武力和黨的組織推翻北洋政府，所牽涉
　　　　的是軍事與黨派鬥爭，與知識分子領導的思想運動已
　　　　有所區別。這項轉變極其重要，「五四」潮流後來所
　　　　以未能順利發展，便是遭到此一阻礙。

　　重讀《五四運動史》，我發現老師的論述嚴謹細密，時
限因應論述的課題而改變，請看下面第一章「導論」內文，
很明確的鎖定五四運動爲 1917 至 1921，請看下面幾章的年
代：

　　　　第二章　促成「五四運動」的力量（1915-1918）

35　周策縱〈以「五四」超越「五四」〉《周策縱自選集》，頁 15-16。

另外書後附錄的「相關大事表（1914-1923）」，他把時限拉得更長。所以他以五四的複雜多面向的演變而考慮時限的適當性，這是當時哈佛大學費正清及其他學者所強調的客觀史學。[36]

他堅持的論點，至今為國際學術界所重視，包括中國大陸台灣的學術界。無論研究社會文化、政治思想、文學藝術的著作，幾乎很少不會引用到這本具有一家之言的有關五四的權威的著作。

五、五四精神：引導中國走向知識時代

周教授在五〇年代已洞見新知識分子與新知識的重要性。單單從《五四運動史》中各章節的題目，就可見討論新知識分子與新知識的篇幅佔了很多。第三章有「新知識分子的聯合與《新潮》雜誌的創辦」、「新知識分子改革的觀點」，第七章有「新知識分子之間團結的增加」、「新知識的、新社會的、和新政治的團體」、「新知識分子所倡導的大眾教育」更重要，他全書的結論認定五四運動最終目的是獲得新思想與知識的革命。這就是所謂 intellectual revolution：「五

---

36 余英時〈費正清的中國研究〉，周陽山（編）《西方漢學家論》（臺北：正中書局，1993），頁 1-44。

四不僅是思想知識的，同時也是政治和社會改革運動，即追求國家的獨立、個人的自由、公平的社會和現代化中國。而本質上就是廣義的新知識思想的革命，所以說它是思想知識革命，因爲思想知識的改變才能帶來現代化，它能促成思想知識的覺醒與轉型，同時這是知識分子領導的運動。」[37]

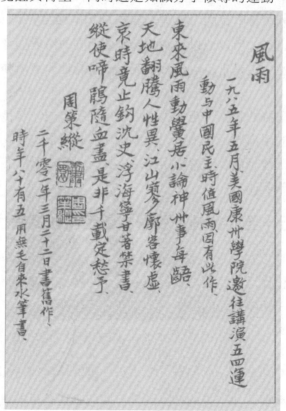

上圖：周策縱 2001 年題五四舊詩書法。

---

[37] *The May Fourth Movement*（Stanford: Stanford University Press, 1967）, pp. 358-359.

　　五四至今已九十年。中國與世界，在數碼科技的推動下，已發生極大的轉型與變動。五四的精神主軸，為知識分子選擇以思想文化革新作為救國的途徑。所以到了二十一世紀，我們更理解到五四運動還有無比的感召力，因為五四提倡理智和知識，今天世界已進入知識時代，1995 年周老師寫道：

> 五四提倡理智和知識，是最適合現代新潮流的趨勢。二十世紀有蒸汽文明進展到電力文明，有原子能文明到電子文明，資訊文明。在可見的將來，於二十一世紀，高科技的地位越來越提高。我們對財產的觀念也初見改變和擴張了。過去計算財富的要素是土地、勞力、物資和資本，現在和將來，「知識」（knowledge）必定成為最重要的「財富」（wealth）。[38]

　　經濟早已轉型，從投資經濟變成知識創新經濟，從機器生產與勞動力的社會逐漸轉型為知識社會，新知識經濟裏，整合知識、創新思考是主要資源。這種多元知識專才，在目前社會裏，會成為社會，甚至政治的主導力量。《五四運動史》於 1955 年初稿就完成，周教授的詮釋力與洞察力，令人驚訝。

　　現在再讀《五四運動史》的第七章「新文化運動的擴展（1919-1920）」，周老師特別不斷強調新知識分子及其領導的「新文化運動」。他引用當陳獨秀在 1919 年 9 月從監獄中釋放，劉半農寫一手長詩的兩句，意義非凡：「出了研究室

---

[38] 周策縱〈認知・評估・再充：《五四運動史》中譯本再版自序〉丁愛真、王潤華等譯《五四運動史》（香港：明報出版社，1995），頁 x-xi。

便入監獄，出了監獄便入研究室。他們都入監獄，監獄便成了研究室」。[39]這裡「研究室」便是知識最好的象徵。美國及西方國家，一百年來，大學的研究室，尤其實驗室通宵燈火通明，學者天天如坐牢，所以今天他們開拓了知識經濟的時代。他也引用杜威（John Dewey 1859-1952）的論文〈新文化在中國〉（New Culture in China）[40]中的話說，中國要富強，「沒有新思想知識運動是不能到達到的」（that is impossible without the intellectual movement）[41]像這樣的話語，落在過於思想意識形態教育大陸，就被簡單化的譯成「而沒有新思想運動」。[42]周老師一再的強調「五四不僅是學術上，同時也是政治和社會上的改革運動，及是國家的獨立、個人的自由和中國的現代化，而以學術爲首」。

老師早年的學問從版本、目錄、注釋、考據的清代樸學的傳統，主張學問重史實依據，解讀由文字入手，以音韻通訓詁，以訓詁通義理。受過政治學的嚴格訓練，也就是社會學的精密分析方法，轉型到歷史，他不僅重視史實之考證，事事詳加比對求證，更要求解釋，給予史實應有的含義，因此《五四運動史》又具有史華慈的思想史學的特點，在複雜的歷史事件中，尋找沒有時間性的鑰匙與價值。中國的現代化與知識，在《五四運動史》是同義詞。如果我們細心的閱

39　丁愛真、王潤華等譯《五四運動史》，頁 268-269。

40　John Dewey, "New Culture in China " *Asia*,（New York）, vol.21 No 7（July 1921）, pp. 581-586.

41　丁愛真、王潤華等譯《五四運動史》，頁 296。

42　周子平等譯《五四運動：現代中國的思想革命》（南京：江蘇人民出版社，1999），頁 200。

讀《五四運動史》，他的書名 intellectual，雖包含思想，主要指知識（knowledge）與知識分子（intellectual），全書「新知識分子」或「新知識」不斷重復出現在章節的標題上，如第三章的「新知識分子的聯合與《新潮》雜誌的創辦」，「新知識分子的改革觀點」。不但書名有 intellectual，書後半部的總題是 Analysis of Main Intellectual Currents。這些 intellectual 主要是知識分子或知識。書中真正指思想的時候，用的是 thought，如十二十三章都用「新思想」（new thought），因爲這是知識分子領導的運動，這個文化運動最重要的目標就是以知識建立現代化的中國。

六、五四超越五四精神遺產：

周老師的研究與論述，從政治學到史學，然後再做文學與語言文字。晚年回憶他的治學路程，如下面 1997 年爲《棄園文粹》寫的〈序〉，承認撰寫五四期間用功最深：

> 在美國的前五年，我多半研讀西洋哲學史、政治理論與制度和東西方歷史。1954 年在哈佛大學擔任訪問學者，寫完博士論文，對五四運動史花了不少時間和精力。這期間我最關心的問題是中國如何富強，如何吸收西洋的長處，推動現代化。1956 年起再到哈佛任研究員五六年，在那裏的幾個圖書館的書，使我對中西漢學有了更多的認識，也使我的治學方向發生了又一次大轉變。[43]

---

43 周策縱〈序〉《棄園文粹》（上海：上海文藝出版社，1997），頁 3-4。

　　他在美國的學術經驗，深深的認識到中國人的思維方式有很大的缺失。其一是認知意識不夠發達。對邏輯推理不夠精密，在實際議論時不能嚴密運用三段論法（syllogism），把是非當作道德。他在《棄園文粹》的序文裏接著上面引述的那段，指出：[44]

> 由於讀了更多的外語，使我深深感到，從古代起，我們中國人的思維方式不免有兩個最基本的缺失：一個是邏輯推理不夠精密，尤其在實際議論時不能嚴密運用"三段論法"（syllogism）。另一個缺失看來很簡單，卻可能更基本，我們對"認知"的意識不夠發達。就是對"是"什麼，"不是"什麼不夠重視。從先秦起，"是非"就逐漸變成道德辭彙，不是指實之詞了。"是"、"為"、"乃"作為指實詞，用得很不普遍和明確。漢語動詞作名詞用自然太多了，可是"是"作為 to be 或 being 意義用作名詞者，恐怕古代並不多見。我只不過用這個例子來說明，我們傳統上"認知"是什麼不是什麼的意識，發達得可能不充分。這兩點是我去國五十年來的痛切感覺，對不對自然是另一問題，但對我後來的治學研究，關系不小。

　　於是我認為，對中西文明、思想和制度等，我們認知得還很不夠。甚至連中國的古代經典、文學作品，以至於古代文字和古今歷史事實，都應該切實認知一番，才能夠加以評判。

44　周策縱〈序〉《棄園文粹》（上海：上海文藝出版社，1997），頁 4。

另外他又說：[45]

> 歐美的文明，除宗教的思想之外，主要比較重視邏輯
> 推理，考察自然規律，也就是客觀的知識；中國至少
> 自秦漢以後，所發展的乃是偏重倫理道德、修齊統治
> 的文明。

所以他的結論：「這種尚知的新作風，應該是中國文明
史上綴重大的轉捩點」：[46]

> 這裏所說的「知」，是指對客觀現實認知的知，是純
> 粹邏輯推理的知；是探索是「什麼」、「為什麼」和
> 「如何」的知，不是教人「應該如何」道德的教導。
> 當然「五四時代」的知識分子對這些並未能完全好好
> 做到，但有許多人有這種嚮往，那就可說是劃時代的
> 了。這也不是說道德不重要，只是說「五四思潮補救
> 了傳統的偏失」。

周教授一生的學術研究與文學創作就是建立在五四思想
革新的認知上，比如研究《紅樓夢》，他就指出紅學的研究
態度和方法要力求精密，就會對社會上一般思想和行動習
慣：「也許還可由《紅樓夢》研究而影響其他學術思想界的
風氣，甚至於中國社會政治的習慣」[47]，如《紅樓夢案》前
四篇論文都是強調研究曹紅學應有學術的思考精神與方法，
還要建立《紅樓夢》文本解讀的文學目的，不是為考證而考

45　周策縱〈五四五十年〉《明報月刊》4 卷 5 期（1969 年 5 月），
　　頁 2-9 。

46　周策縱〈認知・評估・再充〉《五四運動史》上冊，頁 viii。

47　周策縱〈論紅樓夢的研究態度〉《紅樓夢案：棄園紅學論文集》
　　（香港：中文大學出版社，2000），頁 10。

證。老師認爲「紅學」已是一門極時髦的「顯學」，易於普遍流傳，家喻戶曉，假如我們能在研究的態度和方法上力求精密一點，也許整個學術研究，能形成一個詮釋學的典範；對社會上一般思想和行動習慣，都可能發生遠大的影響。他深痛惡絕長期以來的態度和方法：以訛傳訛，以誤證誤，使人浪費無比的精力。[48]比如發掘到的資料應該普遍公開。他舉胡適在 1921 年寫〈《紅樓夢》考證〉爲例，考據根據的重要資料《四松堂集》，保密三十年才公開，另外他收藏的《乾隆甲戌脂硯齋重評石頭記》，也是收藏了三十多年，不讓人利用。另外早年周汝昌主張脂硯齋就是史湘雲，並不是沒有能力看見別人反對自己的理由，而是不肯反對自己。[49]

　　所以〈以五四超越五四〉（1991）那篇文章中，周老師反擊五四已經死亡的説法。五四運動不同於一般的歷史事件，五四是一種精神傳統，一種遺產，不會死亡。[50]他用可再充電的電池比喻五四精神：「所以五四有點像可以再充電的電池，即使時代變了，它還可能有它無比的感召力。」[51] 這也就是爲什麼每年大家都紀念五四運動。

七、結論：永遠顛覆政治的霸權話語

　　我的老師生於 1916，生前常說因爲未趕得上親身參加 1919 年 5 月 4 日的遊行，引以爲憾。但少年時代在長沙就對

48　《紅樓夢案》，頁 1-10。
49　《紅樓夢案》，頁 2-5。
50　周策縱〈以五四超越五四〉《周策縱自選集》（濟南：山東教育出版社，2005），頁 19-20。
51　周策縱〈認知・評估・再充〉《五四運動史》上冊，頁 xii。

五四感到興趣，在中學時自己成爲罷課與學潮的核心人物，他的第一首新詩就是〈五四，我們對得住你了〉，寫於 1935年：[52]

> 五四，我們對得住你了，
> 不管別人怎麼辦，
> 面對著危機，
> 我們都在一起了。
>
> 五四，我們對得住你了，
> 這周遭好亂啊，
> 大家舉起手來，
> 也不怕擁擠了。
>
> 五四，我們對得住你了，
> 他們都不去想一想，
> 可是我們這一代呀，
> 時間說，已不能相比了。

　　老師當時就夢想寫一本有關五四運動的書。後來就讀國民黨辦的中央政治學校，校方嚴禁學生搞運動，更增強他寫書的意願。[53]他 1942 年大學畢業，進入國民政府部門服務，

---

52 王潤華、周策縱、吳南華編《胡說草：周策縱新詩全集》（臺北：文史哲，2008），頁 42。詩末自註「1935 年 5 月 4 日於長沙。曾發表於長沙田漢和廖沫沙等人所編的《抗戰日報》」
53 "Preface", *The May Fourth Movement*, p. vii；〈著者中譯本序〉《五四運動史》上冊（明報出版社，1980），頁 vii-viii。

1945-1947 年任國民政府主席侍從編審。1947 年上海大公報
紀念五四運動二十八周年，他發表了〈依新裝，評舊制—論
五四運動的意義及其特質〉，卻引起當局的警告，他因此堅
決辭職，半年後才准職，他於 1948 年夏天赴美留學。[54]

　　正如上面所說過，周老師 1952 前後思考以五四運動作爲
密芝根大學的博士論文研究題目時，出乎意料之外，他的指
導老師反對，並說這是一場學生暴動事件：「博士論文怎麼
可以寫學生暴動？……什麼？說這是中國的文化運動、文藝
復興、思想革命？簡直胡鬧！」[55]當時的密芝根大學的中國
當代學術研究遠不如哈佛大學，所以他撰寫論文大部分時間
都在哈佛，該書的序言所感謝的學者，也以哈佛大學爲主。[56]

　　《五四運動史》1960 年由哈佛大學出版，至今已再版了
八次[57]，另外還有史丹佛大學出版社的平裝本，因此奠定了
其五四學的學術權威。但是在大陸與臺灣，由於《五四運動
史》採取客觀的史學、和個人自由自主的立場，不合黨派教
條，雖然在海外風靡一時，在中國大陸和臺灣都曾被視爲「禁
書」老師自己也說這本講真話的書，後來成爲一本多災多難

54　〈序〉《棄園文粹》，頁 2-3。
55　鍾玲〈翻譯緣起〉《五四運動史》，上冊（香港：明報出版社，
　　1980），頁 iii。
56　Chow Tse-tsung ,*The May Fourth Movement*，pp. viii -ix.
57　Chow Tse-tsung, *The May Fourth Movement: Intellectual
　　Revolution in Modern China*（Cambridge: Harvard University
　　Press ,1960）；平裝本由史丹佛大學出版社出版（Stanford
　　University Press ,1967）；中文翻譯本有很多種，丁愛真、王潤
　　華等譯《五四運動史》上冊（香港：明報出版社，1995）；楊墨
　　夫編譯《五四運動史》（臺北：龍田，1984）；周子平等譯《五
　　四運動：現代中國的思想革命》（南京：江蘇人民出版社，
　　1999）。哈佛大學出版社 2009 年 4 月 22 日給本人的信說共印了
　　八刷。平裝本的版次不詳。

的書，一直列爲禁書。周策縱爲此感歎不已，1985 年 5 月 4 日往耶魯大學演講，遇大風雨，他曾賦詩〈東來〉一首，其中有兩句說：「哀時竟止鈎沉史，浮海甯甘著禁書」：[58]

> 東來風雨動蟄居，小論神州事每囁。
>
> 天地翻騰人性異，江山寥廓客懷虛。
>
> 哀時竟止鈎沉史，浮海甯甘著禁書。
>
> 縱使啼鵑隨血盡，是非千載定愁予。

禁書的造成，老師很瞭解是由於他的抵制政治的霸權話語：

> 二十年代中葉以後，兩大勢力黨團本身也逐漸被少數領導者所控制，各自依照自己的影子、思想模式、和本身利益來解釋務實運動，以便奪取政權，支持和維持他們的統治地位和威權。於是五四運動對自由、民主、科學、人權的熱烈號召，對權威壓迫的強烈抗議精神，就逐步給掩蓋抹殺了。野心家打著五四旗號來掩飾五四，利用五四，於是絕大多數中國人民就看不到五四的真正史實，於是我的《五四運動史》也就殃及魚池般在中國本土成爲「禁書」達二三十年之久了。[59]

爲了打破禁書的魔咒，一群曾授業於周老師門下的威斯康辛大學畢業學者丁愛真、王潤華、洪銘水、陳永明、陳博文、鍾玲組成翻譯小組，將《五四運動史》翻譯成中文，1971 年開始一章一章在香港的《明報月刊》刊載，從 61 期（1971 年 1 月）到 127 期，五年內共登載了七章。由於每次翻譯完

58　《周策縱舊詩存》，頁 239。

59　周策縱〈風潮與火種——《五四運動史》中譯本臺灣版自序〉《五四運動史》（臺北：桂冠，1989），頁 1-3。

一章，都必須經過周老師細心的修正、補充新的資料和意見，往往經過很長的時間，結果全書還沒有翻譯完就停止了，實在可惜。香港《明報月刊》出版社在 1980 年出版了該書前七章，稱爲《五四運動史》上冊。[60]臺灣學術界很早就重視周策縱的五四論述，開始是盜印英文原著，如臺北虹橋書店的盜印本，然後選載明報的幾章的《五四與中國》。[61]接著臺灣出現過兩個翻譯版，第一次是署名楊墨夫，稱爲編譯的 1980 年由龍田出版社出版的《五四運動史》，算是全譯本，但沒有得到作者的同意權，上半部採用香港《明報月刊》中譯版的七章，其餘篇章非常隨意翻譯，刪改、節譯誤譯、顛倒，可能是出於政治禁忌，如第七章的第五節全被刪除。周教授自己有細心校對過，他指出：[62]

> 1980 年龍田出版社出了採用香港明報出社中譯，又補譯了後半部，湊合出版。一九八四年還出了再版。不過也許爲了禁忌，頗有刪節、並有許多改動、顛倒、和誤譯之處，第九章第五節「參加政治」部分全遭刪除。

《五四運動史》在中國大陸很遲才解除禁忌，江蘇人民出版社 1996 年出版了中譯本，由周子平領導的一個五人翻譯小組全譯，書名爲《五四運動：現代中國的思想革命》[63]，

---

60 一共印了兩版，第一版在 1980，第二版在 1995。
61 周陽山（主編），周策縱等著《五四與中國》（臺北：時報出版公司，1979）。
62 楊墨夫（編譯），《五四運動史》（臺北：龍田出版社，1980；1984），周策縱的撻評，引自〈風潮與水種：《五四運動史》譯本台灣版自序〉《五四運動史》上冊（台北：桂冠圖書公司，1989），頁 1-2。
63 周子平等譯《五四運動：現代中國的思想革命》（南京：江蘇人

上圖：江蘇人民出版社 1996 年出版了全中譯本，《五四運動史》（長沙：岳麓書社，1999），都沒有刪改。

事前有得到作者的授權，根據的譯者後記，周策縱閱讀過原譯稿，但書出版後他的意見是「翻譯忠實流利，且附有原書的索引，只可惜專名譯錯不少」。[64]另外還有岳麓書社採用《明報》出版社的七章本，第八章以下由北京大學；六位青年學者翻譯，書名仍用《五四運動史》。[65]周教授認爲「譯文比較可信，可惜後面刪去了索引」。[66]我最近發現周教授在 2000 年 9 月 24 日給中文大學出版社社長的信中，對大陸官方解除《五四運動史》的禁忌，感到很欣慰：

民出版社，1999）。

64 〈序〉《周策縱自選集》，頁 3。
65 陳永明等譯《五四運動史》（長沙：岳麓書社，1999）。
66 〈序〉《周策縱自選集》，頁 3。

他們應該知道，我大半世紀以來，都是主張自由民主，學術言論自由的人。去年他們學術界開會紀念五四運動八十周年，邀請我出席，並列名籌備委員。我當時發言都在支持蔡元培校長「兼容並包，學術思想自由」的原則。拙著《五四運動史》過去在大陸和臺灣都是禁書，今年大陸已出版了兩种中文全譯本，我公開批評毛的地方都沒有改動……

他逝世前知道他的五四論述，能夠完整無缺的重返中國，不但使他個人信仰的勝利確是學術界的大事。所以老師當時把這封信複印本寄了一份給我存檔。[67]

011-852-2603-6692　傳真共三頁 ①
Hong Kong 中文大學出版社
陸國燊社長：
九月十九日的傳真信已收到，謝謝！
訴將我的意見，條列如下，請你指教。
（一）拙集由貴社和北京大學出版社兩社名義在國內出版，我可同意。但他們尚未正式決定，據尊函所說：他們「首要關注為內容及文字細節。」他們應該早已知道，我大半世紀以來，都是個主張自由民主，學術言論自由的人。去年他們學校開會紀念五四運動八十週年，邀請我出席，並列名為籌備委員。我当時發言都在支持蔡元培校長「兼容並包，學術思想自由」的原則。拙著《五四運動史》過去在大陸和台灣都是禁書，近年大陸已出版了兩種中文全譯本，我公開批評毛的地方都沒有改動。可是我也了解，目前大陸出版界也有些顧慮，所以：(1)文字細節方面，我可稍微減刪去有刺激性的一些语句；但主張不能改。(2)從來著者在世時且尚未封筆者，本來不應該出「全集」，大陸常稱「文集」。你上次建議用「全集」字樣（這是據黃小華女士來信說的），我雖已同意，可是總覺有些不妥。現如与北大出版社合作，而他們又有些「關注」的话，不知是否可改称「文集」（当然包括有诗词和翻译）。(3)反正書要一本一本地出。到時就可有伸縮餘地。如必用「全集」名称，亦可商量。
（二）我現將上次寄給何文匯教授的《全集暫定卷目》略加補充注明，何者已出版，

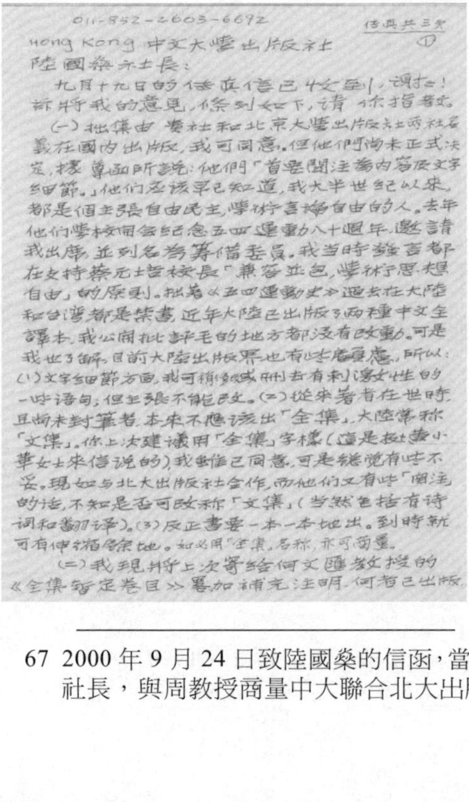

左圖：2000 年 9 月 20 四日給中文大學出版社社長的信中，對大陸官方解除《五四運動史》的禁忌，感到很欣慰。

67　2000 年 9 月 24 日致陸國燊的信函，當時後者擔任中文大學出版社社長，與周教授商量中大聯合北大出版社出版《周策縱全集》。

第四章 「白頭海外說《紅樓》」： 周策縱教授的曹紅學

一、白頭海外說紅樓：「多方」研究的新紅學計劃

　　我的老師周策縱教授（1916-2007）在《紅樓夢案：棄園紅學論文集》[1]出版時，序文特別提起，他在 1981 年訪問新加坡，當地學術與文化界以酒會招待，大家題詩寫字，新加坡著名詩人兼書法家潘受先生（1911-1999）曾寫贈下面一首詩：

> 是非聚訟苦悠悠，識曲端推顧曲周；
>
> 能使一書天下重，白頭海外說《紅樓》。

　　潘受於詩後附註說：「策縱教授去年六月在美召集第一屆國際紅學會議，使《紅樓夢》一書之光燄如日中天，誠學術史上不朽之盛事。頃來新加坡，喜獲把晤，承索拙書，因綴二十八字奉博一笑。」周教授非常喜歡潘受先生的贈詩，他還說：「潘公的詩書皆妙，這件條幅我至今還珍藏著。他

1　《紅樓夢案：棄園紅學論文集》（香港：香港中文大學，2000）；另有中國大陸的簡體字版，《紅樓夢案：周策縱論《紅樓夢》（文化藝術出版社，2005）。兩書所收篇章相同。本文引文引自前書。

說的「能使一書天下重」我自然不敢當。至於「白頭海外說《紅樓》，倒相當合於事實，也會終身不忘的了。」[2]可見周策縱教授對潘受的詩句「能使一書天下重，白頭海外說《紅樓》」，感到知音相惜。因為《紅樓夢》的研究，對老師來說，確實不只是單單研究與發表論文而已，而是終生努力的學術人生大事業之一。[3]所以在序文中周老師感嘆地說：「我對《紅樓夢》和曹雪芹的研究，本來有比較頗具系統的完整計劃，可是一直未能實現。」[4]

哭潘虛之（受）先生
一九九九年二月二十五日半夜後自美飛抵新加坡，王潤華教授急告予虛之先生方期此次到星出席「人與自然環境文學會議」時予與潤華往其寓歡聚，不意先二日遽爾仙逝。憶十八年前予在美召開首屆國際紅樓夢研討會後，來訪星島，于新聞出版界歡迎會上，先生即席揮毫贈詩云：「是非聚訟苦悠悠，識曲端推顧曲周，能使一書天下重，白頭海外說紅樓。」自後每次來遊，輒有文酒之會，今竟人天永隔，悲愴如何！即日用留流先生追悼文中所引先生遺詩原韻為悼

聚首無緣老淚彈，
但留白髮戴南冠；
如何兩日人天隔，
萬古詩書再見難！

周策縱敬悼

一九九九年二月二十六日破曉，于新加坡國立大學專家樓，時年八十又三，用日製無毛自來水毛筆書。予既撰文論「天人合一」，則人天永隔亦不全真耶？

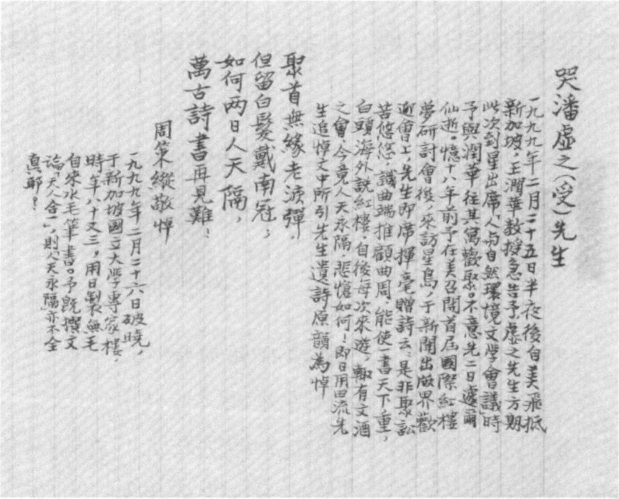

上圖：周教授 1999 年赴星開會前二日潘受逝世，抵達後即賦詩追悼。原稿現存王潤華處。

2 《紅樓夢案：棄園紅學論文集》序文，頁 xix。
3 我個人對周老師比較清楚的其他學術人生大事業有幾個，如延續五四傳統的新詩的使命、發展從人文跨越學科的角度去研究中國人文學術，如《文林》的出版、重新整理出中國文學思想發展，見我的論文〈周策縱：學術研究的新典範〉《世界文學評論》，2006 年第二期（2006 年 10 月），頁 201-205。
4 《紅樓夢案：棄園紅學論文集》，頁 xix。

　　周老師說，如果題詠也算紅學，至 2000 年，他已參加紅學界七十年了。老師 1929 年（十三歲）起，就開始寫詠紅詩，後來又以白話題詠，至今還保存不少。出國前，他已很注意新紅學的研究方法了，尤其受顧頡剛的啓發特別大，不過老師發現至今還是紅學界的嚴重問題是：「紅學家很少有人深刻研究過中外的文學理論與批評」：

　　四〇年代中期我曾向顧頡剛先生提出一個問題：為甚麼近代新《紅樓夢》研究都偏重在考證方面？他說那

上圖：1997 年到加州 Santa Barbara 訪問白先勇
時所寫的另一種的題紅詩。

是對過去小說評點派和索隱派過於捕風捉影的一種反感，而且從胡適之先生以來，他們一批朋友又多半有點歷史癖和考據癖；當然，無論對這小說怎樣分析、解釋、與評估，總得以事實做根據，所以對事實考證就看得特別重要了。我也很同意這種看法，但同時覺得可惜過去紅學家很少有人深刻研究過中外的文學理論與批評。[5]

　　1948 年 5 月老師前往美國留學，在船上幾十個留學生，別的小說不愛看，發現有人帶了一本《紅樓夢》，大家爭相閱讀。他說：「在這種艙外風濤，艙內悶熱，多人搶讀的緊張情勢下把這巨著又匆匆斷斷續續看過一遍，使我益發覺得紅學應該有新的發展，並且須在海外推廣。」[6]

　　初到紐約的五十年代，他與一批朋友成立了白馬社，以顧獻樑（1914-1979）在紐約市的公寓爲中心，這個樓房裏裏外外，漆上朱紅色，周老師稱爲「紐約紅樓。」當時住在紐約的胡適也參與活動並給予鼓勵，因爲他們除了從事詩歌、小說及其他藝術創作，同時也要發展海外紅學。胡適（1891-1962）稱他們爲「第三文藝中心。」早在這時期，周老師提議用「曹紅學」，因爲作者的研究也很重要。顧獻樑說用「曹學」就夠，胡適在 1921 年寫〈《紅樓夢》考證〉的時候，曾發掘曹雪芹家世許多未爲前人注意的材料，次年又找到敦誠《四松堂集》稿本和刻本，後來就寫了那篇跋文，這些都是研究曹雪芹的重要材料。胡適和顧頡剛可說是開了

---

5 〈多方研討《紅樓夢》〉《紅樓夢案》，頁 12。
6 《紅樓夢案》，頁 13。

「曹學」先河。（按「曹學」一詞是我的朋友顧獻樑先生在1940年代最初提出來的，1950年代中我和他在紐約他家談起這問題，他想要用「曹學」這名詞來包括「紅學」。我提出不如用「曹紅學」來包括二者；分開來說仍可稱做「曹學」和「紅學」。他還是堅持他的看法。後來他去了臺灣，1963年發表他那篇〈「曹學」創建初議〉的文章。）

這時（1952年開始），大陸批判胡適的新紅學，他們更感到海外紅學研究的重要：

> 當時我曾和胡先生談起這個問題，他不但不生氣，他非常開心，向我細說那些人怎樣罵他，…。並且託我代找幾種他未能見到的批判他的資料；也要我繼續探索研究下去。我覺得他這種寬容大度，非常難得。同時便向他提到我認為紅學應從各個角度各種方向去研究的看法：一方面要像他已做過的那樣，用乾、嘉考證，西洋近代科學和漢學的方法去探究事實真相；另一方面要用中外文學理論批評，和比較文學的方法去分析、解釋、和評論小說的本身，這當然應包括從近代心理學、社會學、人類學、語言學、史學、哲學、宗教、文化、政治、經濟、統計等各種社會科學與人文學科，甚至自然科學的方法與角度研究。簡單一點說，就是要從多方研究《紅樓夢》。這樣就不妨容許各種不同的觀點和看法或解釋。胡先生雖然對曹雪芹、高鶚、和《紅樓夢》多半已有他固定的看法了，但仍然稱許我這些意見，因為我這樣提倡歡迎各種不

同的研究，基本上還符合他生平治學的態度和精神。[7] 老師認爲胡適 1921 年寫的〈《紅樓夢》考證〉[8]在閱讀、

海外論壇

WORLD FORUM

留美學人討論問題發表意見的刊物

第二卷　第一期　Vol. 2 No. 1 January, 1961

所謂"曹雪芹小象"的謎 …… 胡　適

自由・容忍與抗議 …… 周策縱

肯尼第的外交理論 …… 王紀五

——對肯尼第近年言論的分析，演繹與批判

街車(詩) …… 德　剛

中華民國五十年一月一日出版

出版者：海外論壇社

The World Forum

523 West 112th Street

New York 25, N. Y. U. S. A.

編輯者：海外論壇編輯委員會

承印者：友聯印刷廠

香港九龍馬頭圍道71—73號

總發行：友聯書報發行公司

香港九龍九龍塘多實街14號

經銷處：

零售每冊美金二角五分・港幣三元　訂閱全年美金三元・港幣三元六角

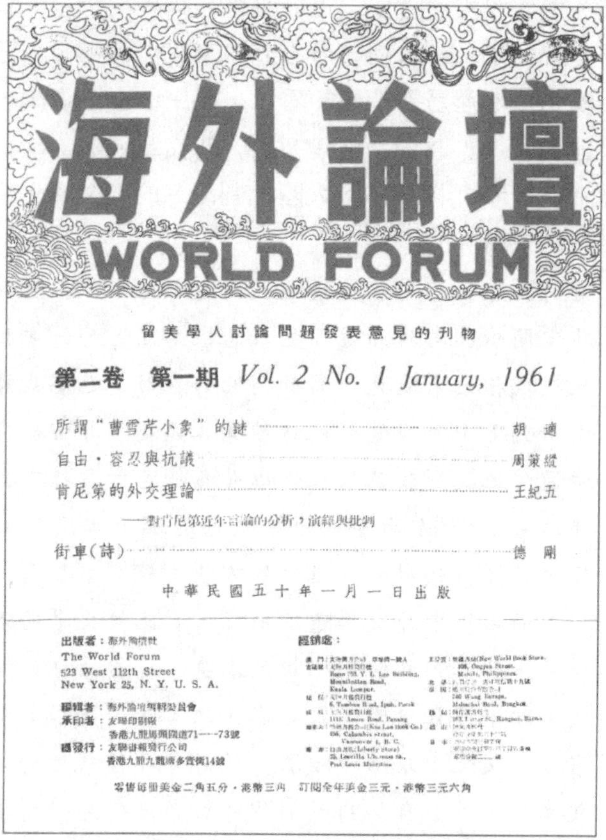

上圖：1961 年胡適、唐德剛與周策縱等人在紐約出版《海外論壇》，提倡新紅學與新詩運動。

---

7 《紅樓夢案》，頁 14。

8 最早發表在《胡適文存》(上海：上海東亞圖書館，1921)。現胡適所有紅學論文皆收入《胡適紅樓夢研究論述全篇》(上海：上海古籍出版社，1988)。

研究思考方法也是中國文學研究劃時代的典範之作，除了推翻索隱派之外，是新紅學的開始。在著者問題方面，他具體考訂了《紅樓夢》的作者是曹雪芹，這又是「曹學」的開始。胡適雖然支持紅學研究，但他已逐漸放棄，所以老師自己感到有領導與發展紅學研究的使命，這就成為他終生努力的一項學術工作。

　　過後，老師在哈佛擔任研究員雖然短暫，可也展開了他的〈紅樓夢研究計劃〉，但不太成功。到了 1960 年元旦，唐德剛、顧獻樑、周策縱等一批朋友創辦《海外論壇》月刊時，胡適先生給予支持，這年十一月底胡適就寫了〈所謂「曹雪芹小像」的謎〉發表在次年元旦出版的《海外論壇》二卷一期裏。周老師計劃要在《海外論壇》上繼續胡適先生的研究，並擴充王國維（1877-1927）的文學評論方向，再從各個角度去發展新紅學。那時他在哈佛，有草擬一份〈紅樓夢研究計劃〉大綱，打算從各種角度對《紅樓夢》作綜合式的研究和檢討。哈佛大學同事中對《紅樓夢》比較有興趣而常與老師討論的有海陶瑋（James Robert Hightower,1915-2006）和楊聯陞（1914-1990）教授。海陶瑋英譯過《紅樓夢》前四五回，草稿沒有發表。老師當時在《海外論壇》發表了那篇〈論關於鳳姐的「一從二令三人木」〉。不幸胡先生不久在一九六二年就去世了，《海外論壇》也停刊了。所以這一批以胡適先生為首的對紅學有興趣的留美中國學人，沒有能充分發揮作用。

上圖：周教授陌地生棄園的書房的幾個書架，全是紅學的書籍
　　　（1996，王潤華攝影）。

　　1963 年初老師到威斯康辛大學任教後，再度推展他的紅
學研究計劃。他自己開了專門研究《紅樓夢》的課程，照他
以前和胡適、顧頡剛（1893-1980）二先生所說的「多方」研
究的觀點去教導學生個別作分析。次年就有學生試用語言
學、文學批評、和比較文學的方法寫《紅樓夢》分析；有人
做了西文翻譯名字對照表，詩人淡瑩（劉寶珍）等協助編了
三四百頁，中英對照的《紅樓夢研究書目》；有一個碩生黃
傳嘉還首先用統計方式和電腦研究了這小說裡二十多個歎詞
和助詞，用來試測前八十回和後四十回的作者問題；稍後博
士研究生陳炳藻（曾任愛荷華大學教授）用了更複雜的統計
公式和電腦計算了二十多萬詞彙的出現頻率，寫成博士論文

[9],用電腦統計法分析《紅樓夢》前八十回與後四十回用字之差異，以判斷作者的問題。結論發現差異不大，不至於出於二人之筆。這論文一直到了 1980 年才完成與通過，英文版1986 年由香港三聯出版，中文版《電腦紅學：論紅樓夢作者》遲至 1996 年由香港三聯出版。在 2003 年 12 月元智大學與清華大學合辦的的語言文學與資訊科技國際會議，我們邀請周教授前來作主題演講，就因爲在個人電腦還未來臨的的時代，他已在威斯康辛大學指導學生採用電腦的數據分析進行語言文學研究。[10]

上圖：1996 年趙岡與陳鍾毅（右二人）在家宴客，左二人爲
周策縱、梁同庭（左二人），王潤華攝影。

9 "The Authorship of the Dream of the Red Chamber: Based on aComputerized Statistical Study of Its Vocabulary", Ph D thesis, Dept of East Asian Languages and Literature, University of Wisconsin, 1980.

10 老師於 2007 年 5 月 7 日逝世，這是他生命旅程中最後一次出國遠行及演講。

自六十年代上半期起，紅學家趙岡與陳鍾毅來了威大的
經濟系，那裡老師與學生可說對《紅樓夢》發生過相當大的
興趣。因此 1980 年 6 月 16 至 20 日在威大召開首屆國際《紅
樓夢》研討會，1986 年又在哈爾濱召開第二屆，會合了全世
界的紅學專家，實現了周老師繼承胡適與顧頡剛的新紅學研
究。首屆會議的四十二篇論文可分別用十種不同的來研究方
法，正是「多方」研究的方向：

　　（一）前人評論檢討，（二）版本與作者問題，（三）
　　後四十回問題，（四）曹雪芹的家世、生活、和著作，
　　（五）主題與結構，（六）心理分析，（七）情節與
　　象徵，（八）比較研究和翻譯，（九）敘述技巧，（十）
　　個性刻畫。

上圖：1986 年周策縱帶領門下研究紅學學者出席在哈爾濱召開第
　　二屆國際《紅樓夢》研討會。左起：高辛勇、王潤華、劉
　　寶珍（淡瑩）、周策縱、吳南華醫生（師母）、洪銘水、
　　陳永明與宋秀雯。

所以老師說「從所提出的論文性質來看，可說包括的範圍很廣，觀察的角度頗多。這正是我們需備人員所盡力提倡和希望的。同時也可說是我們海外紅學界多年來共同努力的方向。」[11]

二、結合中國傳統考據學、西方漢學與中國研究的曹紅學

周策縱的曹紅學研究，是結合中國傳統考據學、西方漢學、與中國研究的產品。在周策縱的研究中，特別強調綜合性的研究的重要意義。他的「曹紅學」研究，如他的代表作《紅樓夢案》所展現之多元思考與方法、跨領域跨學科的綜合研究，比其他的紅學專家具有更強的洞察力與創見性，使他的研究更具首創性。所以要瞭解他的曹紅學，有必要知道他的學術思想歷程。

周策縱教授在 1948 年 5 月離開中國到密芝根大學攻讀政治學碩士／博士前，已對中國社會、歷史、文化，包括古文字學有淵博精深的造詣。他的學術研究可說繼承了中國注重版本、目錄、註釋、考據的清代樸學的考據傳統，主張學問重史實依據，解經由文字入手，以音韻通訓詁，以訓詁通義理。《周策縱古今語言文字考論集》中〈說「尤」與蚩尤〉與〈「巫」字探源〉[12]可說是這種治學的集大成。出國後，西方漢學加強同時也突破了這種突破傳統思考方式，去思考中國文化現象的多元性的漢學傳統。《紅樓夢案》中的〈論

---

11 《紅樓夢案》，頁 17。
12 《周策縱古今語言文字考論集》（臺北：萬卷樓，2005）。

關於鳳姐的「一從二令三人木」〉寫於出國初期的 1961 年，
是他的《紅樓夢》考證之第一篇。他不像一般學者，只停留
在「拆字法」玩弄，既有歷史語言的傳統方法，也具有西方
文學批評的互文性思考。他把語言、語義與小說的情節的發
展緊緊結合來解讀，加以詮釋，發現鳳姐的結局並未和這句
詩相矛盾，在前八十回已交待清楚。結果終結了作爲後四十
回爲非曹雪芹所作的證據。[13]

　　西方傳統的漢學的強點，是一門純粹的學術研究，專業
性很強，研究深入細緻。過去西方的漢學家，尤其在西方往
往窮畢生精力去徹底研究一個小課題，而且是一些冷僻的、
業已消失的文化歷史陳跡，和現實毫無相關。因此傳統的漢
學研究的學者不求速效，不問國家大事，所研究的問題沒有
現實性與實用法，其研究往往出於奇特冷僻的智性追求，其
原動力是純粹趣味。周教授的一些著述如《破斧新詁：《詩
經》研究之一》[14]，《周策縱古今語言文字考論集》中討論
龍山陶文的論文[15]，就充分表現「專業性很強，研究深入細
緻」西方漢學的治學方法與「奇特冷僻的智性追求」精神。
《紅樓夢案》中的〈《紅樓夢》汪恰洋煙考〉寫於初期 1960
年，是他的《紅樓夢》考證之第二篇，考證庚辰脂批本《紅
樓夢》小說中晴雯病中用汪恰洋煙通鼻塞，由於老師通曉多
種語文，有「奇特冷僻的智性追求」精神，他考訂汪恰洋煙

13　《紅樓夢案》，頁 143-155。
14　《破斧新詁：《詩經》研究之一》（新加坡：新社，1969）。
15　〈四千年前中國的文史紀實：山東省鄒平縣丁公村龍山文化陶
　　文考釋〉，《臺北：棄園古今語言文字考論集》（臺北：萬卷樓，
　　2006），頁 25-46。

與當時煙草與鼻煙公司 Virginian tobacco 有關，汪恰洋煙大概是 Virginia 或 Virgin 譯音，或是法文 Vierge 的譯音。他也在美國紐約大都會美術館（The Metropolitan Museum of Art）找到曹雪芹同時代的正如晴雯看見的鍍金鼻煙盒相似，上有琺瑯黃髮赤身女子像。周教授就如西方漢學家不求速效。很有耐力的研究一個微小問題，這篇短文從 1965 年寫到 1975 年才完成。[16]

上述這種漢學傳統在西方還在延續發展。美國學術界自二次大戰以來，已開發出一條與西方傳統漢學很不同的研究路向，這種研究中國的新潮流叫中國學（Chinese Studies），它與前面的漢學傳統有許多不同之處，它很強調中國研究與現實有相關，思想性與實用性，強調研究當代中國問題。這種學問希望致至西方瞭解中國，另一方面也希望中國瞭解西方。[17]中國研究是在區域研究（Area Studies）興起的帶動下從邊緣走向主流。區域研究的興起，是因為專業領域如社會學、政治學、文學的解釋模式基本上是以西方文明為典範而發展出來的，對其他文化所碰到的課題涵蓋與詮釋性不夠。對中國文化研究而言，傳統的中國解釋模式因為只用中國文明為典範而演繹出來的理論模式，如性別與父學問題，那是以前任何專業都不可能單獨顧及和詮釋的。在西方，特別是

16 寫作早於〈論關於鳳姐的「一從二令三人木」〉，但未發表，1975年改寫，76年發表。
17 杜維明〈漢學、中國學與儒學〉，見《十年機緣待儒學》（香港：牛津大學出版社，1999），頁 1-33；余英時〈費正清的中國研究〉及其他論文，見傅偉勳、歐陽山（邊）《西方漢學家論中國》（臺北：正中書局，1993），頁 1-44 及其他相關部分。

美國，從中國研究到中國文學，甚至縮小到更專業的領域中
國現代文學或世界華文文學，都是在區域研究與專業研究衝
擊下的學術大思潮下產生的多元取向的學術思考與方法，它
幫助學者把課題開拓與深化，創新理論與詮釋模式，溝通世
界文化。[18]

　　第二次世界大戰以後，上述「中國學」的這種研究中國
的新潮流的發展，哈佛大學便是其中一個重要中心，到了
1950 年代，正式形成主流。周教授在這期間，也正好在哈佛
擔任研究員[19]，他的代表作《五四運動史》（*The May Fourth
Movement: Intellectual Revolution in Modern China*）[20]的完成
與改寫出版都在哈佛的中國學的治學方法與學術思潮中進
行，他的〈中文單字連寫區分芻議〉，發表於 1987 年，竟然
1954 年就寫於哈佛大學[21]，此類專著或論文，完全符合中國
研究與現實有相關，思想性與實用性，強調研究當代中國問
題的精神。另一方面，區域研究思潮也使本書超越以西方文
明為典範而發展出來的專業領域如社會學、政治學、文學的
解釋模式，同時更突破只用中國文明為典範而演繹出來的傳
統的中國解釋模式。所以《五四運動史》成為至今詮釋五四

18　同前注，頁 1-12。
19　周策縱於 1948 年到美國密芝根大學政治系，1950 年獲碩士，
　　1955 年念博士，《五四運動史》，原為博士論文，在完成前，1954
　　年，他在哈佛大學歷史系任訪問學者寫論文，畢業後，1956 至
　　1960 年又到哈佛任研究員，1961 至 1962 年任榮譽研究員。
20　Chow Tse-tsung, *The May Fourth Movement: Intellectual Revolution
　　in Modern China*（Cambridge ,Mass: Harvard University Press,1960;
　　Stanford: Stanford University Press, 1967）.
21　羅慷烈主編《教學集》（香港中文大學教育學院二十週年紀念專
　　刊）（香港：中文大學教育學院，1987），頁 135-152。

最權威的著作，成了東西方知識界認識現代新思文化運動的一本入門書，也是今天所謂文化研究的典範。

上圖：左為史丹佛大學出版的普及本《五四運
動史》，右為周策縱主持下的中譯本。

哈佛大學東亞研究的美國「中國學」的學者主要從外而內研究現代中國的歷史，如費正清（John King Fairbank, 1907-1991），或文化思想如史華慈（Benjamin Schwartz, 1916-1999），只有海陶瑋（James Hightower, 1915-2006）研究中國古典文學，但著述不多。這代哈佛的西力學者，他們的研究如費正清從很創新的如政治、經濟學等社會科學觀點出發，善於利用中外檔案資料，但對於中國的歷史和文化缺乏深厚的知識，又不精通古代漢語與古典文獻，更無能力涉及名物訓詁的問題，因此只有周教授能結合中國研究、西方漢學（Sinology）與中國傳統的考據學（或樸學）去開拓中國古今人文研究的新領域，尤其語言、文字、文化、文學

的新領域。周策縱的〈玉璽‧婚姻‧《紅樓夢》：曹雪芹家世政治關系溯源〉就用文物碑文歷史檔案，揭開曹家的歷史與社會背景，以瞭解小説與西方當代性的關系。這是他要大力提倡曹學的原因。他的曹學給索隱派一個很大的打擊。[22]

三、《紅樓夢案》的曹紅學：
　　詮釋學、文學解讀的典範

　　周老師於 2000 年出版了《紅樓夢案：棄園紅學論文集》，這是老師終生曹紅學的研究最具體代表作。他在序文裏說：「我這個集子所收的論文，牽涉《紅樓夢》研究的方面頗廣，但主要的還在於考證、文論、和版本校勘幾個領域。在考證

上圖：左 2000 年香港大學出版社繁體字版《紅樓
　　夢案：棄園紅學論文集》，右為北京文化
　　藝術出版社 2005 年簡體字版。

22 《紅樓夢案》，頁 253-286。

方面，我最受鼓勵和影響的，前有顧頡剛先生，後有胡適之先生。」老師一生都忙於提倡而疏於著述，所以他還是感嘆成果太少：「我對《紅樓夢》和曹雪芹的研究，本來定有比較頗具系統的完整計劃，可是一直未能實現。我過去編有中英對照的《紅樓夢研究書目》，稿件三四百頁，只因求全責備之心太切，一直未能出版。現在檢閱這冊菲薄的成績，真不免「愧則有餘，悔又無益，大無可如何之日也。」[23]

「紅學」這名詞在 1875 年已流行使用，主要以評點、題詠、索隱爲主。胡適在 1921 年發表〈《紅樓夢》考証〉，以校勘、訓詁、考據來研究《紅樓夢》，被認爲是「新紅學」的開始。而周策縱老師從 1950 年提出以「曹紅學」來稱呼他的紅樓夢及其作者的研究，他繼承顧頡剛、胡適、王國維等人的「新紅學」，加上西方漢學嚴格的態度與古典文獻考證精神、西方社會科學多元的觀點與方法，在考證、文學分析、和版本校勘幾個領域開拓了新天地，同時也把語言學、文學批評、比較文學、電腦科技帶進曹紅學的研究。

很明顯的，周老師的曹紅學研究，在方法上，一方面繼承中國的紅學學術傳統與發揚西方的學術思考與方法，如上所述，建立「多方」卌討，同時在目的上，他深受當時美國「中國研究」所強調的「挑戰與回應」理論的影響，就是研究與現實有相關，思想性與實用性。[24]《紅樓夢案》前四篇

---

23 《紅樓夢案》，頁 xix。
24 「挑戰與回應」理論出自湯因比（A.J. Toynbee, 1889;1975）的十大冊 *A Study of History*（1934-54），像哈佛的費正清的中國研究，便是以這模式來解讀中國，一方面研究中國如何反應西方，同時讓西方了解中國。

論文都是強調研究曹紅學應有學術的思考精神與方法，還要
建立《紅樓夢》文本解讀的文學目的，不是爲考證而考證。
老師認爲「紅學」已是一門極時髦的「顯學」，易於普遍流
傳，家喻戶曉，假如我們能在研究的態度和方法上力求精密
一點，也許整個學術研究，能有效形成一個詮釋學的典範；
對社會上一般思想和行動習慣，都可能發生遠大的影響。他
深痛惡絕長期以來的態度和方法：以訛傳訛，以誤證誤，使
人浪費無比的精力。[25]比如發掘到的資料應該普遍公開。他
舉胡適在 1921 年寫〈《紅樓夢》考證〉，考據根據的重要資
料《四松堂集》，保密三十年后才公開，另外他收藏的《乾
隆甲戌脂硯齋重評石頭記》，也是收藏了三十多年，不讓人
利用。另外早年周汝昌主張脂硯齋就是史湘雲，並不是沒有
能力看見別人反對自己的理由，而是不肯反對自己。[26]

　　本文前面我提到老師曾向顧頡剛與胡適提到紅學應從各
個角度各種方向去研究的看法：一方面要「用乾、嘉考證，
西洋近代科學和漢學的方法去探究事實真相；另一方面要用
中外文學理論批評，和比較文學的方法去分析、解釋小說的
本身，這當然應包括從近代心理學、社會學、人學、語言學、
史學、哲學、宗教、文化、政治、經濟、統計等各種社會科
學與人文學科，甚至自然科學的方法與角度研究。」但老師
始終覺得可惜過去紅學家很少有人深刻研究過中外的文學理
論與批評。所以《紅樓夢案》研究紅學的最終目的，是瞭解
《紅樓夢》作爲文學小説的藝術及其價值。老師自己從事文

---

25 《紅樓夢案》，頁 1-10。
26 《紅樓夢案》，頁 2-5。

學創作，精通古今中外的文學及理論，他的紅學突破了許多傳統的觀點與認識，一切都是回歸文學，不是爲考證而考證。

今天紅學完全忽視詠紅詩，周教授卻注意到《紅樓夢》讀者的題詠，具有今西方流行的讀者反應批評（reader response criticism）的價值，這由於自己在中學時代就寫詠紅舊詩，他思考研究《紅樓夢》的題詠詩，認爲作爲批評的一種形式雖舊，是被忽略的一種屬於讀者批評的文學批評：

> 「新紅學」也不重視題詠。可是《紅樓夢》裏的詩、詞、曲子卻特別多，過去兩百多年，《紅樓夢》讀者題詠之作，比起別的任何主要小說所能引起的都多。這也可算是這部小說的特徵之一。這個現象也許還值得注意和研究。尤其近代西洋比較文學升起後，讀者回應理論（Readers' Response Theory）頗風行一時。本來，對任何文學作品的評價，都不能脫離讀者回應，因為評論者和文學史家本身也就是讀者。題詠當然也是讀者回應之一，也許還更能表達較微妙的回應。我當然不是說題詠可以取代紅學中考證、文論、評點等主流。我只是要指出：題詠在紅學中自有它特殊的作用；這作用在紅學中卻比較重要，也許需要一番重新認識。

關於《紅樓夢》前八十回與後四十回作者的是否曹雪芹與高鶚的爭論，周策縱始終反對後四十回的作者是高鶚的簡單結論。根據不可靠的考據，將著作權給予高鶚，如目前很多《紅樓夢》，封面竟印成「曹雪芹、高鶚著」，實在不妥。他先後用兩種科學的方法來尋求答案。他是世界上最早採用電腦來分析小說的詞彙出現頻率，來鑑定前八十回與後四十

回作者的異同。他曾執導研究生黃傳嘉用電腦分析二十多個歎詞助詞在前八十回預後四十回的異同，後來又指導上述陳炳藻用更複雜的統計公式和電腦計算二十多萬詞彙的出現頻率，寫成博士論文。兩次的分析結果，前後的差異不大，沒有出於兩人的文筆跡象。

另外周教授又採用清代木刻印刷術，出版一本書的實際作業流程，考驗從詩詞中的一兩個字臆測出來的結論的可靠性。根據文獻，程偉元出示書稿到續書印刷出版，只花了十個月左右，根據當時可靠的刻印書作業時間，單單刻印，最快至少要六個月，其實私家印書，字模設備難全，可能更慢：

> 他在乾隆五十六年辛亥（1791）的春天才得由程偉元出示書稿，到同年冬至後 5 日（這年陰曆 11 月 27 日，即陽曆 12 月 22 日冬至，後 5 日即陽曆 12 月 20 日），工竣作序，這中間只有十來個月的時間。照當時武英殿排活字版的速度，印三百二十部書的正常作業，每十天；擺書一百二十版，《紅樓夢》約有七十五萬字左右，共五百七十五葉（版），至少需要一百三十一天續能排印完，這已是四個半月了。私家印書，字模設備難全，人手不夠，有可能，條件恐怕趕不上武英殿，而且草創初版，正如程、高再版〈引言〉中所說的：「創始刷印，卷帙較多，工力浩繁」，估計總得六個月才能印好。[27]

這樣高鶚只有四個月，如何續書四十回？《紅樓夢》情

27　《〈紅樓〉三問》《紅樓夢案》，頁 24-30。

節複雜，千頭萬緒，人物就有九百七十五人。如果曹雪芹花
了一、二十年才寫了八十回，高鶚在四個月完成續書四十回，
怎麼可能？對文學創作有認識的人都不會相信高鶚在短期間
可能寫出四十回。更何況現在學者已發現，在程甲本之前，
已有一百二十回本的存在，如《乾隆抄本百二十回紅樓夢
稿》，高鶚修改時可能用過其殘稿作底本。[28]

　　周教授政治學博士出身，社會科學，歷史學治學方法與
精神主導其資料分析，講究事實證據，客觀史學，始終嚴格
監控着紅學界望文生義的猜臆測、空疏的解讀。加上他的校
勘、訓詁、考證的功夫高強，很客觀的史學訓練，使他很清
醒地看待胡適及後來的學者，對清代一首舊詩中的註釋：「《紅
樓夢》八十回以後，俱蘭墅所補」的「補」字的含義，他認
爲這不是「補作」（即續書），只是修補：

> 胡適很相信張問陶〈贈高蘭墅鶚同年〉詩中自注的話：
> 「《紅樓夢》八十回以後，俱蘭墅所補。」認爲「補」
> 就是「補作」，不止是「修補」。又把高鶚所寫的〈引
> 言〉第六條「是書開卷略誌數語，非雲弁首，實因殘
> 缺有年，一旦顛末畢具，大快人心；欣然題名，聊以
> 記成書之幸。」解釋做「大概他不願完全埋沒他補作
> 的苦心，」才記上這一條。我以爲這都是誤解，其實
> 高鶚說的「聊以記成書之幸，」正「因殘缺有年，一
> 旦顛末畢具」可見所謂「補」正是「修補」，也就是
> 程偉元序中說的「乃同友人〔高鶚〕細加釐剔，截長

---

28 〈《紅樓》三問〉《紅樓夢案》，頁 24-30。

補短，鈔成全部」中「補短」的「補」。[29]

由於紅學家多數沒有受過純文學的訓練，他們多是一批有考古癖的人，總是從收藏價值來看文學，以爲是時間愈早的脂批本愈有價值，所以近年出版新校本，於是把八十回的脂批本代替了程高的排印本，理由是初稿接近作者的原貌。懂得文學創作的人，都知道作家通常都以最後改定稿爲本。所以周老師對時下紅學界很失望：

> 作者改定的稿子有時也不一定勝過於前稿，不過後來的改定稿至少表示那是作者經過考慮後他自以為是較好的了。在這種情況下，就不能說稿子越早的越好。可是這些年來，我們一方面還很少能判斷那一個版本在先，那一個在後，尤其是其間的明確繼承關係往往還弄不清，卻大致憑臆測，儘量採用我們認為較早的版本，而且總以為過錄的抄本較可靠。[30]

周老師以人民文學出版社 1958 年俞平伯先生校訂的《紅樓夢八十回校本》和該社 1982 年中國藝術院紅樓夢研究所校注的《紅樓夢》（兩本都以脂本做底本，前者用有正本，後者用庚辰本）與傳統流通本（程高本）比較，文字相差無幾，前者的文字不通之處甚多。他的理由還有：「程、高早就交代過，他們是「聚集各原本詳加校閱，改無訛」的，是「廣集核勘」過的。我們實無充分證據來否認他們這些話。」

29　〈胡适的新紅學及其得失〉《紅樓夢案》，頁 40。
30　《《紅樓三問》》《紅樓夢案》，頁 31-32。

四、從外而內的校勘考證：從曹紅學 進入《紅樓夢》的小說藝術結構

周老師的曹紅學研究與多數其他紅學家的最大不同，就是他不管在校勘、訓詁、考證，都不忘記他在處理一部文學作品，這是一部小說。他的紅學考證，處處都反映出他對小說技巧、理論與批評的熟悉。上面提到他從詠紅詩開始研究，而現在的新紅學家完全忽視這些作品，而他馬上從讀者批評的觀點看問題，覺得還是具有意義的閱讀。我們閱讀〈《紅樓夢》本旨試說〉，驚訝他對《紅樓夢》中小說技巧與結構分析之深入：

> 前五回只在總敘作者的主旨和小說的架構，與介紹重要小說人物和中心思想。一直要到第六回描寫寶玉與襲人的特殊關系和劉姥姥一進大觀園，才一步一步展開故事本身的實際敘述。
>
> 像這樣把整個前五回來總敘作者主旨和小說架構，並介紹重要小說人物和小說的中心思想，籠罩全局，突出主題，在中國及世界小說史上都顯得是很獨特的。固然如《西遊記》前面的十多回也用了大量的篇幅來替主題和主要預備工作，可是遠不如《紅樓夢》前五回那樣有完整、複雜、微妙，而多層的設計…但這正是《紅樓夢》特異之處，也正密扣著此書的主旨。[31]

接下去論析《紅樓夢》「多種「觀察點」與貫通個性與

---

31 〈《紅樓夢》「本旨」試說〉《紅樓夢案》，頁 69-70。

共性」，從考證大師，周老師搖身一變，完全成爲一位論述
小說的藝術大師，如小說大師詹姆斯（Henry James, 1843-
1916）、康拉德（Joseph Conrad, 1857-1924）、佛斯特（E.M.
Forster, 1879-1970）或理論家魯博（Percy Lubbok）、伯特
（Wayne Booth）的小說技巧與理論[32]，無所不懂，因此周老
師能夠透視《紅樓夢》的敍述結構的奧秘：

> 首先我們要瞭解，《紅樓夢》之所以優異動人而有遠
> 大的影響，是它能貫通作品所述社會人生的個性和共
> 性，就是使讀者覺得書中所描述的人與事，一方面如
> 真有發生，即明知是虛設的，卻栩栩欲活，各有個性
> 而獨一無二；另一方面，卻又覺得這種人與事，在讀
> 者周圍，也到處可以以相同的或不同的方式出現或找
> 到。書中所寫雖是一時一地的人甚至如所宣稱的只是
> 作者一生親見親聞之人與事，但似乎又說了古往今來
> 甚至未來人生的命運。而又使讀者不覺得這些乃是空
> 洞的說教。《紅樓夢》的作者爲了要做到這點，採取
> 了好些手法。其中之一便牽涉到如近代西洋小說批評
> 中時常提到的小說的「觀察點」問題。我把 point-of-
> view 不照一般習慣譯作「觀點」，因爲通常所謂「觀
> 點」乃指思想上一種看法，小說批評理論中所說的

---

32 Henry James, *The Art of the Novel*（New York: Charles Scribner's
Sons, 1947）; E.M. Forster, E.M. E. M. Forster, *Aspects of the
Novel（New York: Harvest Books, 1954）; Joseph Conrad,
"Preface to The Nigger of the 'Narcissus'"*（1897）; Percy
Lubbock, *The Craft of Fiction*（New York: Peter Smith, 1945）;
Wayne Booth, *The Rhetoric of Fiction*（Chicago: University of
Chicago Press, 1983）.

point-of-view 有時雖也含有此義，但有時則不必，而只是指說者或觀察者站在甚麼地位或是哪一種人而已⋯。一般小說的作者所能設想的觀察點不外於五六種⋯。[33]

《紅樓夢》「小說人物」的觀察點，各各顧到，某人從某種地位、立場，和思想感情觀點看問題，行事，說話，各自有條理不亂，聞聲見影，即知是誰人，這已是眾所周知的必在此列舉例證。

但是周老師指出，除了西洋小說常出現的那些多知或第一人稱等多種觀察點之外，《紅樓夢》中還有一種觀察點為人所不知，西方小說不見有使用：

《紅樓夢》在處理觀察點方面，有一個更複雜的安排故事敘述者、背後作者、和實際血肉作者三者的交互微妙處理。所謂背後作者與實際作者，如〈凡例〉中引「作者自雲」或「作者本意」便是以背後作者來引述實際作者⋯。

老師說閱讀《紅樓夢》有詩曰：「一生百讀《紅樓夢》，借問如何趣益濃？只為書中原有我，親聞親見更親逢。」[34]他自己從現代小說的參與論加以解釋[35]：

能親聞、親見，固然已不尋常，但這還只算旁觀現在加個「親逢」，逢即逢遇、遭逢之意，也就是《紅樓夢》第一回說的「親自經歷」的意思。表示讀者有如

---

33 〈《紅樓夢》「本旨」試說〉《紅樓夢案》，頁 69-70。
34 〈書中有我讀《紅樓》〉《紅樓夢案》，頁 190。
35 〈書中有我讀《紅樓》〉《紅樓夢案》，頁 190。

與經歷了書中的事件，這就更直接親切，非同小可了。
《紅樓夢》之所以能做到這點，使讀者認同，除提到
的描寫情景逼真而不隔，含有無盡的言外之意只有最
重要的一個因素，就是：它是中國第一部自傳式言情小
說。

　　周老師的詮釋使我馬上想起康拉德所說過的：小說家應
具有使讀者「親聞親見更親逢」這樣的力量：

My task which I am trying to achieve is, by the power
of written word to make you hear, to make you feel-it is,
before all, to make you see. That-and no more, and it is,
everything. [36]

　　我的工作是努力通過書寫的力量使到你聽見、感受，更
重要的使你看見。這就是小說要達到的最高境界，周教授進
一步看到小說中的參與感與多義性，因此他從讀者批評閱讀
理論來看《紅樓夢》：

《紅樓夢》的這種自傳性，自然還不是成功的充足條
件，是它能使讀者時時有參與感和親切感，使每個讀
者把自己也讀了進去，就較易造成另外一種效果，那
就是前文開頭說過的，讀者和研究者結論各有不同。
每個評論者，每個研究者，原有他或她自己不同的身
世、思想、感情，以至於不同的分析、解釋、方法，
如今把自己放進去，也就是把這種種不因素加上去，

---

36 Joseph Conrad, "Preface to *The Nigger of the Narcissus*", James
Miller（ed.）*Myth and Method*（Lincoln: University of Nebraska
Press, 1960）, p.30.

大家對《紅樓夢》的看法，自然就更有差異了，而很難求同了。[37]

文學作品可分爲單一意義的作品（rhetorical presentation）其主題意義強加讀者身上的作品，另一種是多種意義的作品（dialectical presentation），讀者有參與感、意義要讀者去尋

「白頭海外說《紅樓》」
——《紅樓夢案：棄園紅學論文集》自序
周策縱

這個集子包含我目前所能找到的，自己歷年所寫的關於《紅樓夢》和曹雪芹方面的作品，其中也有兩篇較短的講演和談話。只有論「新紅學」一篇尚未發表，但也已經在會議上宣讀分發過。

這次收集成書對我自己來說，一方面便於檢閱，另一方面也可查驗自己對「紅學」或對我所說的「曹紅學」（寫作當時）有沒有什麼新貢獻。近七十餘年來，紅學已經不斷在日新月異，尤其是關於曹雪芹的家世，我們已知道得比以前更多了。例如曹寅的母親孫氏並非他的生母，而是嫡母等，從前都無人注意過。大致說來，這些都還沒有影響我過去的看法。當然，我也希望讀者要用歷史的眼光，注意我各篇寫作和發表的時間，給它們以公平的批判。

我把這個集子標題做《紅樓夢案》，是什麼意思呢？「案」字從安從木，初義似為木製的東西上面可安置物件，即承盤、小几、或桌案之類，後來因可安放文件，引伸便有文牘、案牘、案件、或公案之意。我在這裏用的便是後面兩個意義。宋朝的話本小說有「說公案」一類，多是難於解決的糾紛或法庭官司案件。《紅樓夢》自開始抄閱流傳以來，就解說紛紜，成為小說研究史上一個爭論不休的案件，更引起過不少的筆墨官司。研讀者自然要索隱，考證，偵探案情，捲入不斷的爭辯。我素來不想加入這種爭論；但無論如何，只要你有些看法，就一定有不同的意見。所以我一直在提倡「同固欣然，異亦可喜。」我這集子，也只能自認是對這個複雜的「公案」提出了一些特殊的說辭罷了。

屈指一算，我從接觸《紅樓夢》到現在，可能已有七十四、五年了。（如果題詠也算紅學，我參加紅學界也已經快七十年了。）在小學時代只看了前面一小

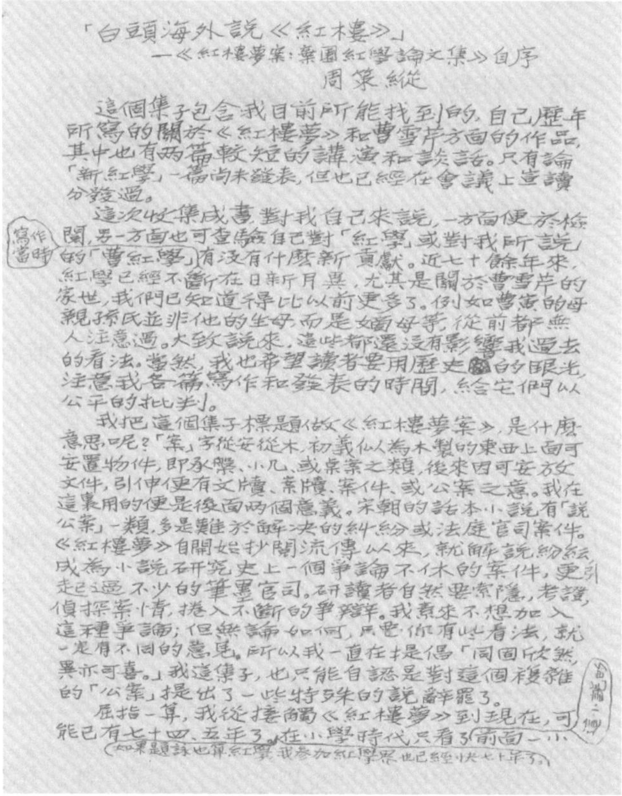

上圖：周策縱寫于 1998 年 8 月 8 日的《紅樓夢案》自序手稿。

37 〈書中有我讀《紅樓》〉《紅樓夢案》，頁 191。

找。《紅樓夢》便是後一種。「讀者反應」的閱讀者在閱讀時，是帶著自己本土文化經驗、個人的、民族的感情思想，甚至幻想力去閱讀，去瞭解。閱讀者是決定意義的最重要因素。周教授是一位對文學的語言技巧、藝術結構有訓練，所謂有學問的讀者（informed reader, competent reader, educated reader）。[38]

五、結論：給《紅樓夢》學術帶來全新的詮釋與世界性的意義

在《紅樓夢案》的文章中，尤其〈胡適的新紅學及其得失〉一文，老師多次的肯定胡適在《紅樓夢》版本學後人無法超越的貢獻、除了紅學，同時又開了曹學研究先河，他特別指出胡適在 1921 年到 1933 年寫的三篇文章[39]，他說至今「還沒有一個超過胡適在《紅樓夢》版本學方面最基本和最重要的貢獻」。[40]他明白的指出，後來的學者，包括他自己，都是在胡適完成的研究與影響或籠罩之下展開。在《紅樓夢案》的序文中，周教授也自我承認「在考證方面，我最受鼓勵和影響，前有顧頡剛先生，後有胡適之先生。」[41]至於談到《紅樓夢案》的研究，他說：「我這個集子所收的論文，牽涉《紅樓夢》研究的方面頗廣，但主要在於考證、文論、

---

38 Elizabeth Freund, *The Return of the Reader: Reader-Response Criticism*（New York: Methuen Co.1987）；中譯本陳燕谷譯《讀者反應理論批評》（臺北：駱駝出版社，1994）。
39 1921 年〈《紅樓夢》考證〉、1927 年〈重印乾隆壬子《紅樓夢》序〉、及 1933 年〈跋乾隆庚辰本《脂硯齋重評《石頭記》〉。
40 周策縱〈胡适的新紅學及其得失〉《紅樓夢案》，頁 47。
41 周策縱〈自序〉《紅樓夢案》，頁 xix。用考證訓詁與版本學建構一個欣賞、分析、評價《紅樓夢》的藝術世界的批評架構與理論。

和版本校勘幾個領域。」[42]可見周老師似乎很含蓄的自我意識到，除了考證版本，他在曹紅學中，他的文論最具有突破性的表現。我在上面已引述他對為了滿足歷史癖和考據癖的紅學而不滿，當然他對胡適的考證止於考證也很失望，尤其胡適晚年貶低《紅樓夢》、令不能接受的藝術評價，感到失望。譬如 1959 年，他在演講中說與吳敬梓比較，曹雪芹「思想很平凡」，1960 年他說《紅樓夢》是「一件未成熟的文藝作品」，1961 年他又說曹雪芹「沒有受到相當好的文學訓練」，不過周教授分析，胡適固然對文學藝術的欣賞有局限，部分由於胡适不滿當時大陸的政治利用《紅樓夢》來推行思想運動，因而對威權唱反調[43]，周教授強調他自己是從外而內，用考證訓詁與版本學建構一個欣賞、分析、評價《紅樓夢》的藝術世界的批評架構與理論：

> 從胡適之先生以來，他們一批朋友又多半有點歷史癖和考據癖；當然，無論對這小說怎樣分析、解釋、與評估，總得以事實做根據，所以對事實考證就看得特別重要了。我也很同意這種看法，但同時覺得可惜過去紅學家很少有人深刻研究過中外的文學理論與批評。[44]

　　周教授認為最大遺憾，就是「紅學家很少有人深刻研究過中外的文學理論與批評。」這本《紅樓夢案》，除了開啓「多方」研究紅學與曹學的學術方法，如上所述，結合了中國傳統考據學、西方漢學與中國研究的學術精神與方法，將

---

42 同上。

43 〈胡適的新紅學及其得失〉《紅樓夢案》，頁 61-66。

44 〈多方研討《紅樓夢》〉《紅樓夢案》，頁 12。

是教導年輕學者打下「治學方法」最好的範本，他把考證版
本回歸文學研究，給《紅樓夢》的小說藝術世界帶來深度的
文學分析（literary analysis）。周教授的三篇文章如〈《紅樓》
三問〉、〈《紅樓夢》「本旨」試說〉及〈書中有我讀《紅樓》〉，
這是新紅學家從文學藝術的角度來研究《紅樓夢》的劃時代
之作。周教授把中國傳統的考據學與西方漢學的治學方法與
精神結合成一體，跨國界的文化視野，給《紅樓夢》學術帶
來全新的詮釋與世界性的意義。[45]

上圖：周策縱為最早使用電腦科技研究紅學的導師，2003 年 12 月
　　　臺灣清華大學與元智大學舉辦語言文學與數位科技國際學
　　　術研討會，受請發表主題演講，也成為學術生涯中最後的演
　　　講（左起黃啟芳、王潤華、周策縱、蔡志禮與李前南）。

45　當然近幾十年，西方的學者出版了許多傑出的文學分析的文
　　論，但是他們不是建立在新紅學的基礎上的著作，屬於另一類
　　的紅學研究，本人並沒有忽視其成就。

第五章　周策縱的曹紅學：
文化研究新典範

一、超越中西文明典範的詮釋模式：從訓詁考據、西方漢學、中國學到文化研究

　　我的老師周策縱教授（1916-2007）[1]在 1948 年 5 月離開中國到密芝根大學攻讀政治學碩士/博士之前，已對中國社會、歷史、文化，包括古文字學有淵博精深的造詣。他的學術研究可說繼承了注重版本、目錄、注釋、考據的清代樸學的傳統，主張學問重史實依據，解讀由文字入手，以音韻通訓詁，以訓詁通義理。[2]《周策縱古今語言文字考論集》中的〈說「尤」與蚩尤〉與〈「巫」字探源〉可說是這種治學方

---

1 老師逝世後，臺北中央研究院文哲所出版的《中國文哲研究通訊》，17 卷第 3 期，有周策縱教授紀念專輯，見頁 1-112，在這之前，周老師的朋友與學生曾出版由王潤華、何文匯、瘂弦編《創作與回憶：周策縱教授七十五壽慶集》（香港：中文大學出版社，1993）。

2 本人有專文討論周老師的做學問的方法不與研究成就，見〈國際漢學大師周策縱：學術研究的新典範〉收入周策縱《棄園古今語言文字考論集》（臺北：文史哲，2006），附錄三，頁 237-255。

式的代表作。[3]

上圖：1982 年周策縱年愛犬知非（jiffy），右
　　　圖，1987 與夫人吳南華醫生攝于陌地生
　　　棄園（周策縱提供照片）。

　　周教授出國後的學術訓練，以西方漢學的精神，突破了
中國傳統思考方式。西方漢學的強點，專業性很強，研究深
入細緻。過去西方的漢學家，往往窮畢生精力去徹底研究一
個小課題，而且是一些冷僻的、業已消失的文化歷史陳跡，
和現實毫無相關。因此傳統的漢學研究的學者不求速效，不
問國家大事，所研究的問題沒有現實性與實用法，其研究往
往出於奇特冷僻的智性追求，其原動力是純粹趣味。周教授
的一些著述如《論對聯與集句》[4]、《破斧新詁：《詩經》研

3　我在該書代序中已有討論，見〈古今文字語言與經典考釋的新典
　　範〉《周策縱古今語言文字考論集》，（臺北：萬卷樓，2005），頁
　　1-23。

4　《論對聯與集句》（香港：友聯出版社，1964）。

究之一》[5]，《周策縱古今語言文字考論集》中討論龍山陶文的論文[6]，就充分表現「專業性很強，研究深入細緻」的西方漢學的治學方法與「奇特冷僻的智性追求」的研究精神。

　　周教授把中國傳統的考據學與西方漢學的治學方法與精神結合成一體，跨國界的文化視野，就給中國的人文學術帶來全新的詮釋與世界性的意義。其英文論文 "The Early History of the Chinese Word *Shih*（poetry）"[7]以及所編輯的兩本《文林：中國人文研究》（*Wen Lin: Studies in the Chinese Humanities*）的學術研究[8]，代表當時他自己主導的歐美漢學家的跨越學科、知識整合的學術研究的新方法新方向，所以他實際上就是目前所謂的文化研究的前行者。

　　上述這種漢學傳統在西方還在延續發展的同時，美國學術界自二次大戰以來，已開發出一條與西方傳統漢學很不同的研究路向，這種研究中國的新潮流叫中國學（Chinese Studies），它與前面的漢學傳統有許多不同之處，它很強調中國研究與現實有相關，思想性與實用性，強調研究當代中國問題。這種學問希望達到西方瞭解中國，與中國瞭解西方

5　《破斧新詁：《詩經》研究之一》（新加坡：新社，1969）。

6　〈四千年前中國的文史紀實：山東省鄒平縣丁公村龍山文化陶文考釋〉《明報月刊》1993 年 12 號-1994 年 2 月，頁 136-138，92-94，108-111。

7　Chow Tse-tsung," The Early History of the Chinese Word *Shih*（poetry）,"in Chow Tse-tsung （ed）, *Wen Lin: Studies in the Chinese Humanities*（Madison: University of Wisconsin Press, 1968）, pp. 151-210.

8　第一本由 University of Wisconsin Press,1968 出版；第二本由香港中文大學出版，1989。

的目的。[9]

　　中國研究是在區域研究（Area Studies）興起的帶動下從邊緣走向主流。區域研究的興起，是因爲專業領域如社會學、政治學、文學的解釋模式基本上是以西方文明爲典範而發展出來的，對其他文化所碰到的課題涵蓋與詮釋性不夠。對中國文化研究而言，傳統的中國解釋模式因爲只用中國文明爲典範而演繹出來的理論模式，如性別與文學問題，那是以前任何專業都不可能單獨顧及和詮釋的。在西方，特別是美國，從中國研究到中國文學，甚至縮小到更專業的領域如中國現代文學或世界華文文學，都是在區域研究與專業研究衝擊下的學術大思潮下產生的多元取向的學術思考與方法，它幫助學者把課題開拓與深化，創新理論與詮釋模式，溝通世界文化。[10]

　　第二次世界大戰以後，上述「中國學」的這種研究中國的新潮流的發展，哈佛大學便是其中一個重要中心，到了1950年代，正式形成主流。周教授在這期間，也正好在哈佛擔任研究員[11]，他的成名作《五四運動史》（*The May Fourth Movement: Intellectual Revolution in Modern China*），原是密芝根大學的博士論文[12]，其完成、改寫與出版都在哈佛的中

9　杜維明〈漢學、中國學與儒學〉，見《十年機緣待儒學》（香港：牛津大學出版社，1999），頁 1-33；余英時〈費正清的中國研究〉及其它論文，見傅偉勳、歐陽山（編）《西方漢學家論中國》（臺北：正中書局，1993），頁 1-44 及其它相關部分。

10　同前注 9，頁 1-12。

11　周策縱於 1948 年到美國密芝根大學政治系，1950 年獲碩士，1955 年念博士，《五四運動史》，原爲博士論文，在完成前，1954年，他在哈佛大學歷史系任訪問學者寫論文，畢業後，1956 至1960 年又到哈佛任研究員，1961 至 1962 年任榮譽研究員。

12 Chow Tse-tsung, *The May Fourth Movement: Intellectual*

國學的治學方法與學術思潮中進行。此類專著或論文，完全符合中國研究與現實有相關，思想性與實用性，強調研究當代中國問題以溝通東西文化的瞭解。另一方面，區域／文化研究思潮也使本書超越以西方文明爲典範而發展出來的專業領域如社會學、政治學、文學的解釋模式，同時更突破只用中國文明爲典範而演繹出來的傳統的中國解釋模式。所以《五四運動史》成爲至今詮釋五四最權威的著作，成了東西方知識界認識現代新思文化運動的一本入門書，也是今天所謂文化研究的典範。

　　《五四運動史》對中國社會、政治、思想、文化、文學和歷史提出系統的觀察和論斷。奠定了作者在歐美中國研究界的大師地位。該書使用大量原始史料，包括中、日、西方語文的檔案，形成窄而深的史學專題（monograph）思想文化專題的典範著作。周教授研究《五四運動史》中所搜集到的資料本身，就提供與開拓後來的學者研究現代中國政治、社會、文化、文學各領域的基礎。因此哈佛大學東亞研究中心也將其出版成書《五四運動研究資料》（*Research Guide to the May Fourth Movement*）。[13]另外不涉及道德的判斷或感情的偏向，凸顯出客觀史學（現實主義史學）的特質。周教授在密芝根大學念的碩士與博士都是政治學，因此社會科學（政治、社會、經濟學等）建構了他的現實客觀的歷史觀，這正

Revolution in Modern China （ Cambridge, Mass: Harvard University Press, 1960; Stanford: Stanford University Press, 1967 ）.

13 Chow Tsc-tsung, *Research Guide to the May Fourth Movement* （ Cambridge, Mass: Harvard University Press, 1963 ）.

是當時西方的主流史學，這點與費正清的社會科學主導的客觀史學很相似。[14]而且被奉爲在中國研究中，跨越知識領域研究、文化研究最早的研究典範。

　　値得注意的是，周策縱教授也是這時候開始規劃他的曹紅學研究，所以他的曹紅學也是建構在中國研究、文化研究的典範研究上。這是很少人注意到的。

二、紐約紅樓與曹紅學緣起

　　「紅學」這名詞在 1875 年已流行使用，主要以評點、題詠、索隱爲主。胡適（1891-1962）在 1921 發表〈《紅樓夢》考證〉，以校勘、訓詁、考據來研究《紅樓夢》，被認爲是新紅學的開始。[15]在《紅樓夢案》的文章中，〈胡適的新紅學及其得失〉一文，老師多次的肯定胡適在《紅樓夢》版本學的貢獻。除了紅學，同時又開了曹學研究先河，他也特別指出胡適在 1921 年到 1933 年寫的三篇文章[16]，他說至今「還沒有一個超過胡適在《紅樓夢》版本學方面最基本和最重要的貢獻」。[17]他明白的指出，後來的學者，包括他自己，都是在胡適完成的研究與影響或籠罩之下展開。而周策縱從

14　參考余英時〈費正清的中國研究〉，見上引《西方漢學家論中國》，頁 1-44。
15　胡適的重要紅學論文皆收集在嚴雲受編《胡適論紅學》（合肥：安徽教育出版社，2006）。
16　1921 年〈《紅樓夢》考證〉、1927 年〈重印乾隆任子《紅樓夢》序〉、及 1933 年〈跋乾隆庚辰本《脂硯齋重評《石頭記》〉。這三篇論文收集在《胡適論紅學》（合肥：安徽教育出版社，2006），頁 1-41，87-95，96-107。
17　周策縱〈胡適的新紅學及其得失〉《紅樓夢案》，頁 47。

1950 年在哈佛大學的時候提出以「曹紅學」來稱呼他的新的
紅樓夢及其作者的研究，他繼承胡適的「新紅學」，加上的
西方漢學嚴格的態度與古典文獻考證精神、西方社會科學多
元的觀點與方法，在考證、文學分析、和版本校勘幾個領域
開拓了新天地，同時也把語言學、文學批評、比較文學、電
腦科技帶進曹紅學研究，以目前通行的學術話語，如本文下
面所論，屬於文化研究的典範。

　　周教授於 1948 年赴美留學，之前他已很注意新紅學的研
究方法了，他承認受了顧頡剛的啓發，注重紅學的研究方法，
他感歎「紅學家很少有人深刻研究過中外的文學理論與批
評」：

> 四十年代中期我曾向顧頡剛先生提出一個問題：為甚
> 麼近代新《紅樓夢》研究都偏重在考證方面？他說那是
> 對過去小說評點派和索隱派過於捕風捉影的一種反
> 感，而且從胡適之先生以來，他們一批朋友又多半有
> 點歷史癖和考據癖；當然，無論對這小說怎樣分析、
> 解釋、與評估，總得以事實做根據，所以對事實考證
> 就看得特別重要了。我也很同意這種看法，但同時覺
> 得可惜過去紅學家很少有人深刻研究過中外的文學理
> 論與批評。[18]

　　初到紐約的五十年代，他與一批朋友成立了白馬社，以
顧獻樑（1914-1979）在紐約市的公寓爲中心，這個樓房裏裏
外外，漆上朱紅色，周老師稱爲「紐約紅樓」。當時住在紐

18　〈多方研討《紅樓夢》〉《紅樓夢案》，頁 12。

約的胡適也參與活動並給予鼓勵，因為他們除了從事詩歌、
小說及其它藝術創作，同時也要發展海外紅學，胡適
（1891-1962）稱他們為「第三文藝中心。」[19]在這時期，周
老師提議用「曹紅學」，因為作者及其它社會、政治、文化
各方面的研究也很重要。顧獻樑說用「曹學」就夠，胡適在
1921 年寫〈《紅樓夢》考證〉的時候，曾發掘曹雪芹家世許
多未為前人注意的材料，次年又找到敦誠《四松堂集》稿本
和刻本，後來就寫了那篇跋文，這些都是研究曹雪芹的重要
材料。胡適和顧頡剛可說是開了「曹學」先河。周教授回憶
說：

> 按「曹學」一詞是我的朋友顧獻梁先生在 1940 年代最
> 初提出來的，1950 年代中我和他在紐約他家談起這問
> 題，他想要用「曹學」這名詞來包括「紅學」。我提
> 出不如用「曹紅學」來包括二者；分開來說仍可稱做
> 「曹學」和「紅學」。他還是堅持他的看法。後來他
> 去了臺灣，1963 年發表他那篇〈「曹學」創建初議〉
> 的文章。[20]

　　顧獻樑是一位傳奇性的人物，他 1958 年去了臺灣，努力
宣揚現代主義，傳播現代藝術的種子。1959 年，顧獻樑、楊
英風等發起成立「中國現代藝術中心」，也在許多大學任教，
講授藝術課程，曾是清華大學藝術顧問、淡江大學建築系主
任，也開辦畫廊沙龍。顧獻樑撰寫的主要是藝術評論，介紹

---

19 參考王潤華，〈被遺忘的五四：周策縱的海外新詩運動〉《文與
　 哲》，第 10 期（2007 年 6 月），頁 609-625。
20 顧獻樑：《曹學創建初議 ── 研究曹霑和石頭記的學問》。載臺
　 北《作品》1963 年第 1 期，頁 5-7。

新潮藝術，對臺灣整個現代文學藝術產生深入的影響。回臺灣後，帶著紐約紅學研究的餘緒，寫了〈曹學創建初議 ── 研究曹霑《石頭記》的學問〉，他說這是爲了紀念曹雪芹逝世二百周年而作，他只承認《紅樓夢》作者爲曹雪芹一人，不過通篇像是宣言口號，胡文彬在《讀遍紅樓》一書中的〈爲伊消得人憔悴〉那篇文章中注意到其意義，其中有這樣的看法：

> 「曹學」是純正的文藝批評！
>
> 「曹學」是登大雅之堂的文藝學問。
>
> 「曹學」應該「美」爲第一，「文學」爲主。

胡文彬說：

> 我個人始終認爲曹寅是「曹學」中的一個核心人物，他是「曹學」的支力點。倘若真正使「曹學」以「美」爲第一，以「文學」爲主，僅僅依靠《紅樓夢》文本，「曹學」只能僅得其半，另一半的重點我認爲應該放在曹寅的文學成就及其深厚的文化意識方面。[21]

這時（1952 年開始），大陸批判胡適的新紅學，紐約這批學者更感到海外紅學研究的重要：

> 當時我曾和胡先生談起這個問題，他不但不生氣，他非常開心，向我細說那些人怎樣罵他……。並且托我代找幾種他未能見到的批判他的資料；也要我繼續探索研究下去。我覺得他這種寬容大度，非常難得。同時便向他提到我認爲紅學應從各個角度各種方向去研

---

21 胡文彬〈爲伊消得人憔悴〉《讀遍紅樓》卷三（北京：書海出版社，2006），頁 173。

究的看法:一方面要像他己做過的那樣,用乾、嘉考
證,西洋近代科學和漢學的方法去探究事實真相;另
一方面要用中外文學理論批評,和比較文學的方法去
分析、解釋、和評論小說的本身,這當然應包括從近
代心理學、社會學、人類學、語言學、史學、哲學、
宗教、文化、政治、經濟、統計等各種社會科學與人
文學科,甚至自然科學的方法與角度研究。簡單一點
說,就是要從多方研究《紅樓夢》。這樣就不妨容許
各種不同的觀點和看法或解釋。胡先生雖然對曹雪
芹、高鶚、和《紅樓夢》多半已有他固定的看法了,
但仍然稱許我這些意見,因為我這樣提倡歡迎各種不
同的研究基本上還符合他生平治學的態度和精神。[22]

　　周老師認為胡適1921年寫的〈《紅樓夢》考證〉[23],在
閱讀、研究思考方法也是中國文學研究劃時代的典範之作,
推翻索隱派,是新紅學的開始。在著者問題方面,他具體考
訂了《紅樓夢》的作者是曹雪芹,這又是「曹學」的開始。
胡適雖然支持紅學研究,但他已逐漸放棄,所以老師自己感
到有領導與發展紅學研究的使命,這就成為他終生努力的一
項學術工作。胡適當時(1961)在《海外論壇》發表〈所謂
「曹雪芹小像」的謎〉,質疑王岡畫曹雪芹體胖臉黑的可靠
性[24],周老師後來撰寫〈有關曹雪芹的一件切身事 — 胖瘦

---

22 《紅樓夢案》,頁14。
23 最早發表在《胡適文存》(上海:上海東亞圖書館,1921)。現
　　在胡適所有紅學論文皆收入《胡適紅樓夢研究論述全篇》(上
　　海:上海古籍出版社,1988)。
24 《胡適論紅學》,頁127-133。

辨〉[25]，就是象徵性的繼承紅學走向曹紅學。

　　1960 年元旦，唐德剛、顧獻樑、周策縱等一批朋友創辦《海外論壇》月刊，胡適給予支持，這年十一月底胡適就寫了〈所謂「曹雪芹小像」的謎〉發表在次年（1961）《海外論壇》。[26]周老師計畫要在《海外論壇》上繼續胡先生的研究，並擴充王國維（1877-1927）的文學評論方向，再從各個角度去發展新紅學。那時他在哈佛，有草擬一份〈紅樓夢研究計畫〉大綱，打算從各種角度對《紅樓夢》作綜合式的研究和檢討。哈佛大學同事中對《紅樓夢》比較有興趣的有海陶瑋（James Robert Hightower,1915-2006）和楊聯陞（1914-1990）教授。海陶瑋英譯過《紅樓夢》前四五回，草稿沒有發表。老師當時在《海外論壇》發表了那篇〈論關於鳳姐的「一從二令三人木」〉。他計畫要在《海外論壇》上繼續胡先生的研究，不過胡適不久後去了臺北，1962 年就去世了，《海外論壇》也停刊了。所以這一批以胡適之先生為首的對紅學有興趣的留美中國學人，當時沒有很大的表現。

　　1963 年初老師到威斯康辛大學任教後，再度推展他的紅學研究計畫。他自己開了專門研究《紅樓夢》的課程，照他以前和胡適、顧頡剛（1893-1980）二先生所說的「多方」研究的觀點，去教導學生個別作分析。次年就有學生試用語言

---

25 胡適〈所謂「曹雪芹小像」之謎〉，2 卷 1 期《海外論壇》（1961年 1 月）認為王岡的畫的不是曹雪芹。見〈胡適的新紅學及其得失〉《紅樓夢案》，頁 35-66，有周策縱的討論及王岡畫像。〈有關曹雪芹的一件切身事 —— 胖瘦辨 〉見《紅樓夢案》，頁287-295。

26 胡適：〈所謂「曹雪芹小像」的謎〉。載《海外論壇》第二卷第一期（1961 年 1 月）。收集在《胡適論紅學》，頁 127-133。

學、文學批評、和比較文學的方法寫《紅樓夢》分析；有人做了西文翻譯名字對照表，詩人淡瑩（劉寶珍）等協助編了三四百頁，中英對照的《紅樓夢研究書目》；有一位碩士生黃傳嘉還首先用統計方式和電腦研究了這小說裏二十多個嘆詞和助詞，用來試測前八十回和後四十回的作者問題；稍後研究生陳炳藻（曾任愛荷華大學教授）用了更複雜的統計公式和電腦計算了二十多萬辭彙的出現頻率，寫成博士論文[27]，用電腦統計法分析《紅樓夢》前八十回與後四十回用字之差異，以判斷作者的問題。結論發現差異不大，不至於出於二人之筆。這論文一直到了 1980 年才完成與通過，英文版 1986 年由香港三聯出版，中文版《電腦紅學：論紅樓夢作者》遲至 1996 由香港三聯出版。在 2003 年 12 月元智大學與清華大學合辦的的語言文學與資訊科技國際會議，我們邀請周教授前來作主題演講，就因爲在個人電腦還未來臨的的時代，他已在威斯康辛大學指導學生採用電腦的資料分析進行語言文學研究。[28]

　　自六十年代上半期起，紅學家趙岡與陳鍾毅來了威大的經濟系，那裏老師與學生可說對《紅樓夢》發生過相當大的興趣。因此 1980 年 6 月 16 至 20 日在威大召開首屆國際《紅樓夢》研討會，1986 年又在哈爾濱召開第二屆，會合了全世

---

27 "The Authorship of the Dream of the Red Chamber: Based on a Computerized Statistical Study of Its Vocabulary", Ph D thesis, Dept of East Asian Languages and Literature, University of Wisconsin, 1980.

28 老師於 2007 年 5 月 7 日逝世，這是他生命旅程中最後一次出國遠行及演講。

界的紅學專家，實現了周老師繼承胡適與顧頡剛的新紅學研究。首屆會議的四十二篇論文可分別用十種不同的來研究方法，正是「多方」研究的方向：

> （一）前人評論檢討，（二）版本與作者問題，（三）
> 後四十回問題，（四）曹雪芹的家世、生活、和著作，
> （五）主題與結構，（六）心理分析，（七）情節與
> 象徵，（八）比較研究和翻譯，（九）敘述技巧，（十）
> 個性刻畫。

所以老師說「從所提出的論文性質來看，可說包括的範圍很廣，觀察的角度頗多。這正是我們籌備人員所盡力提倡和希望的。同時也可說是我們海外紅學界多年來共同努力的方向」。[29]

三、從文化研究出發的曹紅學：讀者反應批評

1980 年前後，跨學科的研究思考與方法，各種知識整合及後現代學術思潮的相互交構，在文學研究上，形成所謂文化研究。純文本的文學研究逐漸被文化研究所取代。因此把文學研究改稱文化研究，美國很多的東亞語言文學系（Department of East Asian Languages and Literature）的名稱目前改稱東亞語文與文化研究系（Department of East Asian Languages and Cultural Studies）。哈佛大學的東亞語文與文明系（Department of East Asian Languages and Civilizations）最為典範，至少由三個專業組成：歷史、文學、思想宗教，

---

29 《紅樓夢案》，頁 12。

背後還有語言。[30] 如上所述，周老師的《五四運動史》撰寫與出版在哈佛完成，曹紅學的研究計畫也在哈佛大學開始規劃。哈佛就是主導學術主潮流的一個中心。

　　文化批評（Cultural Criticism）又稱文化研究（Cultural Studies）或文化評論（Cultural Critique）文化批評在 60 年代中期開始成形，最早的機構是英國伯明罕大學（Birmingham University）的當代文化研究中心（Centre for Contemporary Cultural Studies）。但是在七〇年代到了美國後，包含文學批評的文化研究才開始成長，以跨學科的廣大角度與多種方法來從事文學研究。從事文評的學者，反對把文化限制在「高尚文化」（High Culture）之內，重視通俗的，大眾化的多種形式的普通文化。因此文化研究把學術界，尤其文學，帶進一個新的語境，形成新的典範（Paradigm）。它的理論牽涉到世界性的問題，研究世界性的現象。這種文化/文學研究理論，是最開放的理論模式，最世界性的模式。[31]

　　這種學術思潮解構了意義結構、文本結構與詮釋方法，包括文學批評在內的文化研究（Cultural Studies）便出現了。文化研究肯定文學是社會、政治、文化歷史、性別、族等力量爭鳴的場所與產物，因此以新的文化研究超越或取代傳統的狹窄的文學批評。如此，周教授提出曹紅學研究，因爲除

30　參考杜維明〈漢學、中國學與儒學〉《十年機緣待儒學》（香港：
　　Oxford University Press,1999），頁 1-30。
31　Simon During. *The Cultural Studies Reader*. 2nd ed. （London：
　　New York: Routledge, 2003）; Andrew Edgar and Peter Sedgwick,
　　Cultural Theory: The Key Concepts. 2nd ed. （New York:
　　Routledge, 2005）.

了《紅樓夢》本身的文學藝術結構，它與從曹雪芹到曹寅的
家庭成員、政治、社會、文化、歷史、性別所產生的力場也
很重要。

《紅樓夢案》雖然以考證、文論與版本校勘三大領域爲
主，今天紅學完全忽視詠紅詩，周教授卻注意到自古以來《紅
樓夢》最早的研究，是讀者的題詠，他在《紅樓夢案》的序
文，把注意力放在討論詠紅詩，並指出它具有今西方流行的
讀者反應批評（reader response criticism）[32]的價值：

> 「新紅學」也不重視題詠。可是《紅樓夢》裏的詩、
> 詞、曲子卻特別多，過去兩百多年，（紅樓夢）讀者
> 題詠之作，比起別的任何主要小說所能引起的都多。
> 這也可算是這部小說的特徵之一。這個現象也許還值
> 得注意和研究。尤其近代西洋比較文學升起後，讀者
> 回應理論（Readers' Response Theory）頗風行一時。
> 本來，對任何文學作品的評價，都不能脫離讀者回應，
> 因為評論者和文學史家本身也就是讀者。題詠當然也
> 是讀者回應之一，也許還更能表達較微妙的響應。我
> 當然不是說題詠可以取代紅學中考證、文論、評點等
> 主流。我只是要指出：題詠在紅學中自有它特殊的作
> 用；這作用在紅學中卻比較重要，也許需要一番重新認
> 識。[33]

他認爲先後出現的評點、題詠、和索隱雖然沒落，後期

---

32 基本理論介紹見伊麗莎白・佛洛恩德著，陳燕谷《讀者反應理
論批評》（臺北：駱駝出版社，1994）；英文原著 Elizabeth
Freund ,*The Return of the Reader*（London: Methuen Co, 1987）.

少受人注意，都是有價值，他自己從小學到晚年都寫下不少
《紅樓夢》的題詠詩。[34]他也重視古今《紅樓夢》評點小說
批評，包話今天小說家王蒙的新論點[35]，因爲這是文化研究
的新趨勢。

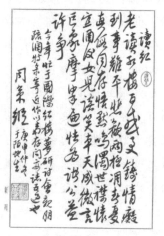

上圖：左，周教授詠紅詩，右，書贈紅學專家趙
剛教授及夫人陳鍾毅女士。

　　讀者反應批評帶給文學批評另一項革命，是推翻長期以
來詮釋文學作品意義時，一直著重單向、固定、唯一的層面
的思考方式。讀者在閱讀時，是帶著自己本土文化經驗、個
人的、民族的感情思想，甚至幻想力去閱讀，去瞭解。閱讀

33　《紅樓夢案》，頁 xviii。
34　舊詩收入陳致編《周策縱舊詩選》（香港：匯智出版社，2006）；
　　新詩收入王潤華、周策縱、吳南華編《胡說草：周策縱新詩全
　　集》（臺北：文史哲，2008）。
35　王蒙這方面的著作包括《紅樓啓示錄》（北京：三聯，1991）；《紅
　　樓夢王蒙評點》（全三冊）（上海：上海文藝，2005）。

者是決定意義的最重要因素。一首詩、一本小說，文字中總
有空間等著讀者去填滿它。在全球化與本土化的衝擊中，我
們因此需要「讀者反應」閱讀法。過去我們閱讀一本小說、
一首詩，常常我們得出的意義，不自出自己的內心，而是受
了作者、學術權威、或某種霸權文化的影響。[36]所以老師在
序文中一再強調，他出版《紅樓夢案》是有自己的看法：「我
這集子，也只能自認對這個複雜的「公案」提出一些特殊的
說辭罷了。」[37]他在〈論《紅樓夢》研究的基本態度〉上更
語重心長的指出，紅學的研究的態度與方法需要改進。譬如
發掘的新資料，應該公開，讓學者參與分析，不能只讓幾個
所謂權威擁有而做出的論斷變成權威的話語。其次研究方法
不夠精細，「紅學專家有時不喜歡爲自己的主張提出反面的
證據」。[38]這些話處處說明，他要顛覆學術權威、或某種霸
權文化的詮釋與影響。

　　《紅樓夢案》前四篇論文都是強調研究曹紅學應有學術
的思考精神與方法，還要建立《紅樓夢》文本解讀的文學目
的，不是爲考證而考證。老師認爲「紅學」已是一門極時髦
的「顯學」，易於普遍流傳，家喻戶曉，假如我們能在研究
的態度和方法上力求精密一點，也許整個學術研究，能有效
形成一個詮釋學的典範；對社會上一般思想和行動習慣，都
可能發生遠大的影響。他深痛惡絕長期以來的態度和方法：

---

36 伊麗莎白・佛洛恩德著，陳燕谷《讀者反應理論批評》，頁
　　87-108。
37 〈自序〉《紅樓夢案》，頁 xiv。
38 〈論《紅樓夢》研究的基本態度〉，頁 1-10。

以訛傳訛，以誤證誤，使人浪費無比的精力。[39]比如發掘到
的資料應該普遍公開。他舉胡適在 1921 年寫〈《紅樓夢》考
證〉，考據根據的重要資料《四松堂集》，保密三十年才公
開，另外他收藏的《乾隆甲戌脂硯齋重評石頭記》，也是收
藏了三十多年，不讓人利用。另外早年周汝昌主張脂硯齋就
是史湘雲，並不是沒有能力看見別人反對自己的理由，而是
不肯反對自己。[40]

　　讀者反應批評理論建立在的李查滋（I.A. Richards,1893
-1979）批評實踐，他堅持文學研究與批評不是孤立的學問，
應與哲學、修辭、語言學、心理學等知識分不開。周老師在
哈佛大學研究的五十年代期間，曾與李查滋合作，進行研究
中國文學與哲學的主要觀念（key terms），後來因為李查滋
去了非洲而中斷。[41]

四、文化考古：瞭解文本產生、流傳與產生的社會

　　當代文化批評家推翻學院派傳統的研究方法，文化研究
有時需要當作文化考古，要瞭解文本產生、流傳、閱讀、使
用，及其產生後面的社會、政治、文化情況。周教授到美國
密芝根大學讀的碩博士學位是政治學，他對社會、政經的研
究方法訓練特別強，這是導致開拓《紅樓夢》的新途徑的重
要原因。

　　周教授的曹紅學，即是以文化研究為思考與方法的途

39　《紅樓夢案》，頁 1-10。
40　《紅樓夢案》，頁 2-5。
41　周策縱〈序〉《棄園文粹》（上海：上海文藝，1997），頁 4。

徑，突破很多紅學研究的困境。關於《紅樓夢》前八十回與後四十回作者的是否曹雪芹與高鶚的爭論，周老師始終反對後四十回的作者是高鶚的簡單結論。根據不可靠的考據，將著作權給予高鶚，如目前很多《紅樓夢》，封面竟印成「曹雪芹、高鶚著」，實在不妥。正如本文前面已提及，他先後用兩種科學的方法來尋求答案。是世界上最早採用電腦來分析小說的辭彙出現頻率，鑑定前八十回與後四十回作者的異同的學者。

另外，周教授又採用清代木刻印刷術，出版一本書的實際作業流程，來考驗從詩詞中的一兩個字臆測出來的結論的可靠性。根據文獻，程偉元出示書稿到續書印刷出版，只花了十個月左右，根據當時可靠的刻印書作業時間，單單刻印，最快至少要六個月，其實私家印書，字模設備難全，可能更慢：

> 他在乾隆五十六年辛亥（1791）的春天才得由程偉元出示書稿，到同年冬至後 5 日（這年陰曆 11 月 27 日，即陽曆 12 月 22 日冬至，後 5 日即陽曆 12 月 20 日），工竣作序，這中間只有十來個月的時間。照當時武英殿排活字版的速度，印三百二十部書的正常作業，每十天；擺書一百二十版，《紅樓夢》約有七十五萬字左右，共五百七十五葉（版），至少需要一百三十一天續能排印完，這已是四個半月了。私家印書，字模設備難全，人手不夠，有可能，條件恐怕趕不上武英殿，而且草創初版，正如程、高再版〈引言〉中所說的：「創始刷印，卷帙較多，工力浩繁」，估計總得

六個月才能印好。[42]

　　這樣高鶚只有四個月，如何續書四十回？《紅樓夢》情
節複雜，千頭萬緒，人物就有九百七十五人。如果曹雪芹花
了一、二十年才寫了八十回，高鶚在四個月完成續書四十回，
怎麼可能？對文學創作有認識的人都不會相信高鶚在短期間
可能寫出四十回。更何況現在學者已發現，在程甲本之前，
已有一百二十回本的存在，如《乾隆抄本百二十回紅樓夢
稿》，高鶚修改時可能用過其殘稿作底本。[43]

　　周教授政治學博士出身，社會科學，歷史學治學方法與
精神主導其資料分析，講究事實證據，客觀史學，始終嚴格
監控著紅學界望文生義的憑臆測、空疏的解讀。加上他的校
勘、訓詁、考證的功夫高強，很客觀的史學訓練，使他很清
醒地看待胡適及後來的學者，對清代一首舊詩中的注釋 0
「《紅樓夢》八十回以後，俱蘭墅所補」的「補」字的含義，
他認為這不是「補作」（即續書），只是修補：

　　　　胡適很相信張問陶〈贈高蘭墅鶚同年〉詩中自注的話：
　　　　「《紅樓夢》八十回以後，俱蘭墅所補。」認為「補」
　　　　就是「補作」，不止是「修補」。又把高鶚所寫的〈引
　　　　言〉第六條「是書開卷略誌數語，非雲弁首，實因殘
　　　　缺有年，一旦顛末畢具，大快人心；欣然題名，聊以
　　　　記成書之幸。」解釋做「大概他不願完全埋沒他補作
　　　　的苦心」，才記上這一條。我以為這都是誤解，其實
　　　　高鶚說的「聊以記成書之幸」，正「因殘缺有年，一

42　〈《紅樓》三問〉《紅樓夢案》，頁 24-30。
43　〈《紅樓》三問〉《紅樓夢案》，頁 24-30。

> 旦顛末畢具」可見所謂「補」正是「修補」，也就是
> 程偉元序中說的「乃同友人〔高鶚〕細加釐剔，截長
> 補短，鈔成全部」中「補短」的「補」。[44]

由於紅學家多數沒有受過純文學的訓練，他們多是一批有考古癖的人，總是從收藏價值來看文學，以為是時間愈早的脂批本愈有價值，所以近年出版新校本，於是把八十回的脂批本代替了程高的排印本，理由是初稿接近作者的原貌。懂得文學創作的人，都知道作家通常都已最後改定稿為本。所以周老師對當時紅學界很失望：

> 作者改定的稿子有時也不一定勝過於前稿，不過後來
> 的改定稿至少表示那是作者經過考慮後他自以為是較
> 好的了。在這種情況下，就不能說稿子越早的越好。
> 可是這些年來，我們一方面還很少能判斷那一個版本
> 在先，那一個在後，尤其是其間的明確繼承關系往往
> 還弄不清，卻大致憑臆測，儘量採用我們認為較早的
> 版本，而且總以為過錄的抄本較可靠。[45]

周老師以人民文學出版社 1958 年俞平伯先生校訂的《紅樓夢八十回校本》和該社 1982 年中國藝術院紅樓夢研究所校注的《紅樓夢》（兩本都以脂本做底本，前者用有正本，後者用庚辰本）與傳統流通本（程高本）比較，文字相差無幾，前者的文字不通之處甚多。他的理由還有：「程、高早就交代過，他們是「聚集各原本詳加校閱，改無訛」的，是「廣集核勘」過的。我們實無充分證據來否認他們這些話。」

---

44 〈胡適的新紅學及其得失〉《紅樓夢案》，頁 40。
45 《紅樓三問》《紅樓夢案》，頁 31-32。

他的考證具有考古學的科學的化驗與文化的思考。

五、曹紅學的通俗文化研究策略

現代文化批評家研究一部古典名著時，敢以現代電影版本作分析、也敢把世界名作當作普通閱讀材料，如把《紅樓夢》當作飲食文化或建築花園手冊來研究。這種多說明（Descriptive）少評價（Evaluative）的文化批評，與其評論其重要性，他們更重視把文學作品與文化產品與事件聯繫起來論說其關係與意義。因此他們的研究與發現往往超越經典名作之外，肯定其他有價值的許多文化課題。從事文化批評的學者，反對把文化限制在「高尚文化」（High Culture）之內，因此把文學帶到一個新的語境，形成新的典範（Paradigm）。再舉一個以猜謎語的途徑，作出突破性的解讀《紅樓夢》的版本、人物情節發展及其續書的爭論問題。

《紅樓夢》第五回寫賈寶玉在太虛幻境反看金陵十二釵的「終生冊籍」，王熙鳳的冊子上的判詞有「一從二令三人木」。周教授指出《紅樓夢》中很多拆字與謎語，可見曹雪芹很喜歡：

> 本來，曹雪芹似乎就很喜歡作拆字猜謎的遊戲；這就《紅樓夢》裏有許多謎語和隱語就可看出；又二十三回他寫賈寶玉等搬進大觀園去住後，每日和姐妹的生活就有「拆字猜枚，無所不至」，這也許正是曹雪芹本人年輕時的實際生活經驗之一，所以謎語在他的這

小說中本有比較重要的分量。[46]

他又指出：

> 從胡適、俞平伯、到吳世昌等諸位先生都曾認定後四
> 十回裏沒有這句詩的着落，是和前八十回脫節之處。
> 他們並且把這件事當作高鶚偽撰後四十回的證據之
> 一。[47]

　　周老師對通俗文化很有興趣，喜愛從通俗文化來研究嚴
肅的文化與文學，如《論對聯與集句》與《古巫醫與六書考：
中國浪漫文學探源》二書便是。[48]《紅樓夢案》中的〈論關
於鳳姐的「一從二令三人木」〉寫於出國初期的1961年，是
他的《紅樓夢》研究之第一篇。他不像一般學者，一直停留
在玩弄「拆字法」，周老師首先採用新批評的細讀的方法，
注意上下文的互文性結構，文本意義的超連接關係：「一從」，
與下面的「二」、「三」相關聯。同時與十八回尢二姐口中
用這二字及同囘鳳姐用來陷害尤二姐的二道命令，密切連接
起來。至於「三人木」，明顯的是指鳳姐在六十八回說過的
三個休字：「要我休」、「給我休書」及重複的「只給我一
紙休書」。第六十九回的「還不休了」是第三個休字。既有
歷史語言的傳統方法，也具有西方文學批評的互文性思考。
語義與小說的情節的發展緊緊結合來解讀，加以詮釋。這種
拆字法，不是遊戲，他發現鳳姐的結局並未和這句詩相矛盾，
剛好吻合，而且在前八十回已交待清楚。這個發現也終結了

46　〈論關於鳳姐的「一從二令三人木」〉《紅樓夢案》，頁154。
47　同上，頁154-155。
48　《論對聯與集句》（香港：友聯書局，1964）與《古巫醫與六書
　　考：中國浪漫文學探源》（臺北：聯經出版社，1986）。

作爲後四十回爲非曹雪芹所作的證據。過去學者誤以爲暗藏於這句詩的鳳姐的命運並沒有展現，是高鶚續書露出的馬腳。[49]

通過對西洋鼻煙盒的考古，周教授得出高鶚修補《紅樓夢》時，由於對西洋鼻煙盒常識的缺乏，做出不適當的修改。《紅樓夢案》中的〈《紅樓夢》汪恰洋煙考〉寫於初期 1960[50]，是老師《紅樓夢》考證之第二篇，考證庚辰脂批本《紅樓夢》小說中晴雯病中用汪恰洋煙通鼻塞，由於老師通曉多種語文，有「奇特冷僻的智性追求」精神，他考訂汪恰洋煙與當時煙草與鼻煙公司 Virginian tobacco 有關，汪恰洋煙大概是 Virginia 或 Virgin 譯音，或是法文 Vierge 的譯音。他在美國紐約大都會美術館（The Metropolitan Museum of Art）找到曹雪芹同時代的正如晴雯看見的鍍金鼻煙盒，上有琺瑯黃髮赤身女子像。就如西方漢學家不求速效。很有耐力的研究一個微小問題，這篇短文從 1965 年寫到 1975 才完成，比照曹雪芹描繪那「畫兒」「寶玉便揭翻扇盒，裏面有西洋琺瑯黃髮赤身女子，兩肋又有肉翅」[51]，這又說明曹雪芹使用文字能力之高超奧妙。

周老師還有一篇〈有關曹雪芹的一件切身事 ── 胖瘦辨〉，最能說明他的文化批評研究傾向。上面說過，文化研究部分高尚與低俗，文化批評家研究一部古典名著時，以現

---

49 《紅樓夢案》，頁 143-155。
50 寫作早於〈論關於鳳姐的「一從二令三人木」〉，但未發表，1975 年改寫，七六年發表。現收集於《紅樓夢案》，頁 157-165。
51 周教授根據圖片考證黃髮赤身女子是愛神朱比特（Jupiter），圖片見《紅樓夢案》，頁 164，166-167。

代電影版本作分析、或一部漫畫。周教授在這篇文章中通過古人以文字建構的曹雪芹畫像，從新認識曹雪芹本人與賈寶玉的面貌，對《紅樓夢》也帶來新的認識。他相信：

> 一個人的相貌好像是小事，其實也不儘然，往往與他或她的個性與一生的工作方向和成敗榮悴有關，雖然這是不可，也不必去相信「麻衣相法」。[52]

所以他認真的以訓詁考證兩幅以文字建構的畫像。裕瑞在他的《棗窗閒筆》有這樣的一句話：「聞前輩姻戚有與之較好者。其人身胖、頭廣而色黑」。多數紅學家都相信這句話，因爲裕瑞前輩的姻戚與曹雪芹交好，以爲這是從前輩的姻戚聽來的。很多人便接受了。後來「由於傳說所謂王岡和陸厚信畫的兩張畫像，又是畫得胖胖的，陸厚信畫的甚至還面黑黑的」。但是周教授從句讀的文法上指出「聞前輩姻戚有與之較好者。其人身胖、頭廣而色黑」，這句「聞前輩姻戚有與之較好者」是完整句。他所聞之事，是「前輩姻戚有與之較好者」，不是「其人身胖、頭廣而色黑」。所以「其人身胖、頭廣而色黑」是不知從何處體聽來的傳聞。其實敦誠在曹雪芹去世時，就寫詩追悼，現存《鷦鷯庵雜誌》有一首〈挽曹雪芹〉，第一句就說「四十蕭然太瘦生」，這是最直接的證據曹雪芹是瘦的。另一證據就是見過曹雪芹本人的明義《綠煙瑣窗集》一書裏的〈題紅樓夢〉二十首絕句，中有「王孫瘦損骨嶙峋」，應是指曹雪芹。這與小說中描寫的「臉面俊秀」寶玉的年輕形象是吻合的，這又幫助我們瞭解

52　〈有關曹雪芹的一件切身事 —— 胖瘦辨〉《紅樓夢案》，頁287-295。

作者與小說中的賈寶玉的關係。所以周教授推論，裕瑞「人
身胖、頭廣而色黑」是多年後的傳聞，那兩張畫像，也不攻
自破，胡適就考證過，說王岡畫的身胖臉黑的畫像所畫的人
不是曹雪芹[53]，至少曹雪芹在晚年的時候，他是瘦的。周老
師的結論是：

> 總而言之，由於敦誠「太瘦生」的描寫，還有明義「王
> 孫瘦損骨嶙峋」和敦敏「敖骨」「嶙峋」詩的旁證，
> 加上寶玉的「臉面俊秀」…都可見曹雪芹是個嶙峋清
> 瘦的人，尤其是在他後半生寫《紅樓夢》的時候是如

上圖：根據胡適考證，王岡畫的身胖臉黑這張畫
像裡的人不是曹雪芹。

---

53 胡適〈所謂「曹雪芹小像」之謎〉，2 卷 1 期《海外論壇》（1961
年 1 月）認為王岡的畫的不是曹雪芹。見〈胡適的新紅學及其
得失〉《紅樓夢案》，頁 35-66，有周策縱的討論及王岡畫像。

此，這乃是本諸直接親切的描述。而裕瑞所說「身胖」、
「頭廣而色黑」，顯然是多年後，間接無據的傳聞，
決不能取代那「瘦俊」的形象。[54]

　　下面這張偽託是陸厚信所繪的曹雪芹，也是「身胖」、
「頭廣而色黑」像。

上圖：偽託是陸厚信所繪曹雪芹像

過去「紅樓畫
家」就像是如此，
當代畫家戴敦邦與
劉旦宅畫家畫過不
少曹雪芹像，都是
「人身胖、頭廣而
色黑」。1986 年周
教授任教的威斯康
辛大學與哈爾濱的
黑龍江大學合辦第
二屆國際紅樓夢研討會，他提出〈有關曹雪芹的一件切身事
── 胖瘦辨〉的考證[55]，劉旦宅聽過報告，心服口服，便改
變畫曹雪芹瘦的畫像，其中一幅在研討會期間完成的，題曰
「著書黃葉村，斷筆紅樓夢」，曹雪芹斜倚在人石之側。著
書辛苦之狀，周策縱題詩曰：「敖骨石相知，癡意人難解，
且將冰雪問，撲索迷千載」。[56]下面是劉旦宅畫的瘦像：[57]

54　《紅樓夢案》，頁 295。
55　《紅樓夢案》，頁 278-295。
56　陳詔，〈曹雪芹胖呼？瘦呼？劉旦宅爲曹雪芹繪新像記趣〉《紅
　　樓夢案》，頁 296-299。
57　取自《紅樓夢案》，頁 298。

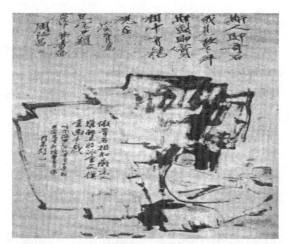

上圖：劉旦宅根據周策縱的考證畫的曹雪芹瘦像。

下面這幅也是依周教授的推斷，戴敦邦所畫的瘦像：[58]

上圖：戴敦邦根據周策縱考證改畫曹雪芹俊瘦
　　　像，左上角為周策縱的親筆題詩。

---

58 原載戴敦邦《自說自畫》（上海：書畫出版社，1990），印自《紅
　　樓夢案》，頁 299。

　　周策縱教授在為 2005 年出版的《周策縱自選集》自選文章，論曹紅學的文章只選了三篇，其中兩篇竟是〈論關於鳳姐的「一從二令三人木」〉與〈有關曹雪芹的一件切身事 —— 胖瘦辨〉，可見他對從文化，尤其俗文化研究的新途徑探討《紅樓夢》的重視。

六、曹紅學：從內外途徑進入《紅樓夢》

　　我以前在威斯康辛修讀周教授的中國文學批評，他一定要我們熟讀美國大學學文學的人必讀的《文學理論》（*Theory of Literature*），作者韋勒克與華倫（Rene Wellek and Austin Warren）認為要進入文學作品的世界，可通過外在的途徑（extrinsic approach）或稱外因，如文學與社會、文學與思想、文學與作者生平經驗；同時文學作品的內在研究（intrinsic study）也同樣重要，比如文學作品的複雜的書寫手法與藝術結構。[59]

　　周老師的曹紅學研究與多數其他紅學家的最大不同，就是他不管在校勘、訓詁、考證，都不忘記他在處理一部文學作品，這是一部小說。他的紅學考證，處處都與《紅樓夢》的小說技巧與結構緊密聯繫。上面提到他從詠紅詩開始研究，而現在的新紅學家完全忽視這些作品，而他馬上從讀者批評的觀點看問題，覺得還是具有意義的閱讀。我們閱讀〈《紅樓夢》本旨試說〉，驚訝他對《紅樓夢》中小說技巧

---

59 Rene Wellek & Austin Warren, *Theories of Literature*（New York: Harvest Book,1956）；中譯本有王夢鷗與許国衡譯《文學論》（臺北：志文，1976）；梁伯傑《文學埋論》（臺北：水牛出版社，1991）。

與結構分析之深入:

> 前五回只在總敘作者的主旨和小說的架構,與介紹重
> 要小說人物和中心思想。一直要到第六回描寫寶玉與
> 襲人的特殊關系和劉姥姥一進大觀園,才一步一步展
> 開故事本身的實際敘述。
>
> 像這樣把整個前五回來總敘作者主旨和小說架構,並
> 介紹重要小說人物和小說的中心思想,籠罩全局,突
> 出主題,在中國及世界小說史上都顯得是很獨特的。
> 固然如《西遊記》前面的十多回也用了大量的篇幅來
> 替主題和主要預備工作,可是遠不如《紅樓夢》前五
> 回那樣有完整、複雜、微妙,而多層的設計…但這正
> 是《紅樓夢》特異之處,也正密扣著此書的主旨。[60]

接下去論析《紅樓夢》「多種「觀察點」與貫通個性與
共性」,從考證大師,周老師搖身一變,完全成為一位論述
小說的藝術大師,如小說大師詹姆斯(Henry James,
1843-1916)、康拉德(Joseph Conrad,1857-1924)、佛斯特
(E.M. Forster,1879-1970)或理論家魯博(Percy Lubbok)、
伯特(Wayne Booth)的小說技巧與理論[61],無所不懂,因此
周老師能夠透視《紅樓夢》的敘述結構的奧秘:

---

60 〈《紅樓夢》「本旨」試說〉,《紅樓夢案》,頁 69-70。

61 Henry James, *The Art of the Novel* (New York: Charles Scribner's
Sons, 1947); E.M. Forster, E.M. E. M. Forster, *Aspects of the
Novel* (New York: Harvest Books, 1954); Joseph Conrad, Preface
to *The Nigger of the 'Narcissus'* (1897) Percy Lubbock, *The
Craft of Fiction* (New York: Peter Smith, 1945); Wayne Booth,
The Rhetoric of Fiction (Chicago: University of Chicago Press,
1983).

首先我們要瞭解，《紅樓夢》之所以優異動人而有遠大的影響，是它能貫通作品所述社會人生的個性和共性，就是使讀者覺得書中所描述的人與事，一方面如真有發生，即明知是虛設的，卻栩栩欲活，各有個性而獨一無二；另一方面，卻又覺得這種人與事，在讀者周圍，也到處可以以相同的或不同的方式出現或找到。書中所寫雖是一時一地的人甚至如所宣稱的只是作者一生親見親聞之人與事，但似乎又說了古往今來甚至未來人生的命運。而又使讀者不覺得這些乃是空洞的說教。

《紅樓夢》的作者為了要做到這點，採取了好些手法。其中之一便牽涉到如近代西洋小說批評中時常提到的小說的「觀察點」問題。我把 point-of-view 不照一般習慣譯作「觀點」，因為通常所謂「觀點」乃指思想上一種看法，小說批評理論中所說的 point-of-view 有時雖也含有此義，但有時則不必，而只是指說者或觀察者站在甚麼地位或是哪一種人而已…。一般小說的作者所能設想的觀察點不外於五六種…。[62]

《紅樓夢》「小說人物」的觀察點，各各顧到，某人從某種地位、立場，和思想感情觀點看問題，行事，說話，各自有條理不亂，聞聲見影，即知是誰人，這已是眾所周知的不在此列舉例證。

但是周老師指出，除了西洋小說常出現的那些多知或第

---

62 〈《紅樓夢》「本旨」試說〉《紅樓夢案》，頁 69-70。

一人稱等多種觀察點之外，《紅樓夢》中還有一種觀察點爲人所不知，西方小說不見有使用：

> 《紅樓夢》在處理觀察點方面，有一個更複雜的安排
> 故事敘述者、背後作者、和實際血肉作者三者的交互
> 微妙處理。所謂背後作者與實際作者，如〈凡例〉中
> 引「作者自雲」或「作者本意」便是以背後作者來引
> 述實際作者…。[63]

　　老師說閱讀《紅樓夢》有詩曰：「一生百讀《紅樓夢》，借問如何趣益濃？只爲書中原有我，親聞親見更親逢。」[64]他自己從現代小說的參與論加以解釋：[65]

> 能親聞、親見，固然已不尋常，但這還只算旁觀現在
> 加個「親逢」，逢即逢遇、遭逢之意，也就是《紅樓
> 夢》第一回說的「親自經歷」的意思。表示讀者有如
> 與經歷了書中的事件，這就更直接親切，非同小可了。
> 《紅樓夢》之所以能做到這點，使讀者認同，　除提
> 到的描寫情景逼真而不隔，含有無盡的言外之意只有
> 最重要的一個因素，就是：它是中國第一部自傳式言情
> 小說。

　　周老師的詮釋使我馬上想起康拉德所說過的：小說家應具有使讀者「親聞親見更親逢」這樣的力量：

> My task which I am trying to achieve is, by the power
> of written word to make you hear, to make you feel-it is,

63　〈《紅樓夢》「本旨」試說〉《紅樓夢案》，頁 75。
64　〈書中有我讀《紅樓》〉《紅樓夢案》，頁 190。
65　〈書中有我讀《紅樓》〉《紅樓夢案》，頁 190。

before all, to make you see. That-and no more, and it is, everything. [66]

我的工作是努力通過書寫的力量使到你聽見、感受，更重要的使你看見。這就是小說要達到的最高境界，周教授進一步看到小說中的參與感與多義性，因此他從讀者批評閱讀理論來看《紅樓夢》：

> 《紅樓夢》的這種自傳性，自然還不是成功的充足條件，是它能使讀者時時有參與感和親切感，使每個讀者把自己也讀了進去，就較易造成另外一種效果，那就是前文開頭說過的，讀者和研究者結論各有不同。每個評論者，每個研究者，原有他或她自己不同的身世、思想、感情，以至於不同的分析、解釋、方法，如今把自己放進去，也就是把這種種不因素加上去，大家對《紅樓夢》的看法，自然就更有差異了，而很難求同了。[67]

文學作品可分爲單一意義的作品（rhetorical presentation）其主題意義強加讀者身上的作品，另一種是多種意義的作品（dialectical presentation），讀者有參與感、意義要讀者去尋找。《紅樓夢》便是後一種。「讀者反應」的閱讀者在閱讀時，是帶著自己本土文化經驗、個人的、民族的感情思想，甚至幻想力去閱讀，去瞭解。閱讀者是決定意義的最重要因素。周教授是一位對文學的語言技巧、藝術結

---

66 Joseph Conrad, "Preface to *The Nigger of the Narcissus*", James Miller（ed.）*Myth and Method*（Lincoln: University of Nebraska Press, 1960）, p.30.

67 〈書中有我讀《紅樓》〉《紅樓夢案》，頁191。

構有訓練，所謂有學問的讀者（informed reader, competent reader, educated reader）。[68]

七、《紅樓夢案》的曹紅學：文化研究的典範

　　我在上面已引述周老師對爲了滿足歷史癖和考據癖的紅學而不滿，當然他對胡適的考證止於考證也很失望，尤其胡適晚年貶低《紅樓夢》、令不能接受的藝術評價，感到失望。譬如 1959 年，他在演講中說與吳敬梓比較，指曹雪芹「思想很平凡」，1960 年他說《紅樓夢》是「一件未成熟的文藝作品」，1961 年他又說曹雪芹「沒有受到相當好的文學訓練」。不過根據周教授的觀察與分析，胡適固然對文學藝術的欣賞有局限，部分原因出於胡適當時大陸的政治利用《紅樓夢》來推行思想運動不滿，而故意對威權唱反調[69]，周教授強調他自己是從外而內，用考證訓詁與版本學建構一個欣賞、分析、評價《紅樓夢》的藝術世界的批評架構與理論：

> 從胡適之先生以來，他們一批朋友又多半有點歷史癖和考據癖；當然，無論對這小說怎樣分析、解釋、與評估，總得以事實做根據，所以對事實考證就看得特別重要了。我也很同意這種看法，但同時覺得可惜過去紅學家很少有人深刻研究過中外的文學理論與批評。[70]

68 Elizabeth Freund, *The Return of the Reader: Reader-Response Criticism*（New York: Methuen Co.1987）;中譯本陳燕谷譯《讀者反應理論批評》（臺北：駱駝出版社，1994）。
69 〈胡適的新紅學及其得失〉《紅樓夢案》，頁 61-66。
70 〈多方研討《紅樓夢》〉，《紅樓夢案》，頁 12。

　　周教授認為最大遺憾，就是「紅學家很少有人深刻研究過中外的文學理論與批評。」這本《紅樓夢案》，除了開啓「多方」研究紅學與曹學的學術方法，如上所述，結合了中國傳統考據學、西方漢學與中國研究的學術精神與方法，將是教導年輕學者打下「治學方法」最好的範本，他把考證版本回歸文學研究，給《紅樓夢》的小說藝術世界帶來深度的文學分析（literary analysis）。周教授的三篇文章如〈《紅樓》三問〉、〈《紅樓夢》「本旨」試說〉及〈書中有我讀《紅樓》〉，這是新紅學家從文學藝術的角度來研究《紅樓夢》的劃時代之作。周教授把中國傳統的考據學與西方漢學的治學方法與精神結合成一體，跨國界的文化視野，給《紅樓夢》學術帶來全新的詮釋與世界性的意義。[71]

左圖：作者為香港中文大學
　　　出版社《紅樓夢案》
　　　自題墨蹟。

---

71 當然近幾十年，西方的學者出版了許多傑出的文學分析的文論，但是他們不是建立在新紅學的基礎上的著作，屬於另一類的紅學研究，本人並沒有忽視其成就。

　　文化研究作爲文學的研究時，肯定文學是社會、政治、文化歷史、性別、國族等力量爭鳴的場所與產物，因此在研究文學作品相關的現象時，會與各種文化、社會、政治現象相聯接，就如上面所討論，從當時出版界的木刻印刷術的出版過程，可鑒定高鶚續書的不可能性，從確定曹雪芹的肥瘦，可顛覆一些權威的定論。即使拆字，鼻煙壺的考古都可以帶來新的突破。以新的文化研究途徑與方法取代傳統的狹窄的文學批評，就是因爲如此，周教授提出曹紅學研究，因爲除了《紅樓夢》本身的文學藝術結構，思想、版本等等問題，除了文本分析，還與曹雪芹家族的成員、政治、社會、文化、歷史、性別產生錯綜複雜的關系。從周策縱老師的《紅樓夢案》的論文，可見以文化研究的途徑研究《紅樓夢》，它不是一種統一的理論，而是根據問題的需要，運用不同的途徑、不同的方法與不同是視野。

　　植根於中國複雜的歷史、文化、文學的《紅樓夢》與莎翁的劇作比較，其內涵層次要複雜得多。魯迅在 1927 年就已說過：[72]

> 單是命意，就因讀者的眼光而有種種，經學家看見
> 《易》，道學家看見淫，才子看見纏綿，革命家看見
> 排滿，流言家看見宮闈秘事……。

　　今天紅學家如周汝昌、馮其庸、胡文彬、劉夢溪及其它人，不但認爲《紅樓夢》是一部文化小說，它簡直是一部中國文化的百科全書，具有廣博而深厚的文化內涵，周汝昌說：

---

72 魯迅《集外集拾遺補編〈絳洞花主〉小引》，《魯迅全集》（北京：人民文學出版社，1981），第 8 卷，頁 145。

> 大家熟知，歷來對《紅樓夢》的闡釋之眾說紛紜，蔚
> 為大觀：有的看見了政治，有的看見了史傳，有的看見
> 了家庭與社會，有的看見了明末遺民，有的看見了晉朝
> 名士，有的看見了戀愛婚姻，有的看見了明心見性，
> 有的看見了讖緯奇書，有的看見了金丹大道……。[73]

　　我的老師在〈《紅樓》三問〉及其它篇章，論述這本複雜的中國文化實體更詳細。正由於《紅樓夢》的內容和表現多樣化，而且密合著傳統中國文化的精髓，周策縱指出：「要想充份瞭解它的人，必須有多方面的知識和修養，從多種角度去觀察和探索，才能得到真相」。[74]所以我的老師周策縱推展曹紅學，以文化研究的視野與方法，最開放的理論與模式將《紅樓夢》研究在新紅學之後，從整合、轉型，再向前開拓新領域。

---

73 周汝昌、周倫《紅樓夢與中華文化》（北京：工人出版社，1989），
　　頁 13。
74 〈《紅樓》三問〉《紅樓夢案》，頁 23。

第六章　被遺忘的五四：周策縱的海外新詩運動

一、《五四運動史》：文化研究的新典範

　　西方傳統漢學，在早期，是一門純粹的學術研究，專業性很強，研究深入細緻。他們的漢學家，往往窮畢生精力去徹底研究一個小課題，重視的是冷僻的、業已消失的文化歷史陳跡，比較和當下現實無涉。因此傳統的漢學研究的研究者，往往不求速效，不問國家大事，所研究的問題，也比較沒有現實性與實用的功能，終極目的往往在於奇特冷僻的智性追求，其原動力是純粹趣味。[1]周策縱教授（1916-2007）的一些著述如《論對聯與集句》[2]、《破斧新詁：《詩經》研究之一》、《古巫醫與「六詩」考》[3]，《周策縱古今語言文字考論集》中討論龍山陶文的論文[4]，就充分表現「專業性很

---

1 杜維明〈漢學、中國學與儒學〉，見《十年機緣待儒學》（香港：牛津大學出版社，1999），頁 1-33。
2 周策縱《論對聯與集句》（香港：友聯出版社，1964）。
3 周策縱《破斧新詁：《詩經》研究之一》（新加坡：新社，1969）；周策縱《古巫醫與「六詩」考》（臺北：聯經，1986）。
4 〈四千年前中國的文史紀實：山東省鄒平縣丁公村龍山文化陶文考釋〉《明報月刊》1993 年 12 號-1994 年 2 月，頁 136-138，92-94，108-111。

強，研究深入細緻」西方漢學的治學方法與「奇特冷僻的智性追求」精神。[5]

　　美國學術界，自二次大戰以來，已開發出一條與西方傳統漢學（Sinology）很不同的研究路向，這種研究中國的新潮流叫中國學（Chinese Studies）。它與漢學傳統有許多不同之處，最主要的差異，在於它開發出與現實的思想性與實用性相關的當代中國問題的研究。其目的，一方面在於瞭解中國，另一方面也希望促進中國瞭解西方。中國研究是在區域研究（Area Studies）的興起，也帶動了從邊緣走向主流的專題研究。前者的興起，是因爲專業領域如社會學、政治學、文學的解釋模式，基本上是以西方文明爲典範而發展出來的，對其他文化所碰到的課題涵蓋與詮釋性不夠。而後者對中國文化研究而言，則是傳統以中國文明爲典範而演繹出來的理論模式，一旦碰到新興的如性別與文學問題，更是以前的治學方法，難以詮釋的問題。因此，在西方，特別是美國，從中國研究到中國文學，甚至縮小到更專業的領域中國現代文學或世界華文文學，都是在區域研究與專業研究的衝擊等學術大思潮下，所產生的多元取向的思考與方法，它幫助學者把課題開拓與深化，創新理論與詮釋模式，溝通世界文化。[6]

　　第二次世界大戰以後，上述「中國學」的研究，成爲新的發展潮流，哈佛大學便是其中一個重要中心，到了 1950

---

5 杜維明〈漢學、中國學與儒學〉，見《十年機緣待儒學》（香港：牛津大學出版社，1999），頁 1-33；余英時〈費正清的中國研究〉及其他論文，見傅偉勳、歐陽山（編）《西方漢學家論中國》（臺北：正中書局，1993），頁 1-44 及其他相關部分。
6 同前註，頁 1-12。

年代，更日漸形成主流。周教授在這期間，也正好在哈佛擔任研究員[7]，他的成名作《五四運動史》（*The May Fourth Movement: Intellectual Revolution in Modern China*）[8]的完成與改寫出版，都在哈佛的中國學的治學方法與學術思潮中發生的，他的〈中文單字連寫區分芻議〉，發表於 1987 年，竟然 1954 年就寫於哈佛大學[9]，此類專著或論文，完全符合中國研究與現實有相關，其思想性與實用性，都帶有強調當代中國問題的精神。另一方面，區域研究的思潮也使得以西方文明爲典範而發展出來的專業領域如社會學、政治學、文學的解釋模式得到突破。所以《五四運動史》成爲至今詮釋五四最權威的著作，成了東西方知識界認識現代新思文化運動的一本入門書，也是今天所謂文化研究的典範。

　　《五四運動史》對中國社會、政治、思想、文化、文學和歷史提出系統的觀察和論斷，奠定了作者在歐美中國研究界的大師地位。其使用大量原始史料，包括中、日、西方語文的檔案資料，是窄而深的史學方法的專題（monograph）思想文化專題的典範著作。周教授研究《五四運動史》中所搜集到的資料，本身就提供與開拓後來的學者研究現代中國

7　周策縱於 1948 年到美國密芝根大學政治系，1950 年獲碩士，1955 年念博士，《五四運動史》，原爲博士論文，在完成前，1954 年，他在哈佛大學歷史系任訪問學者寫論文，畢業後，1956 至 1960 年又到哈佛任研究員，1961 至 1962 年任榮譽研究員。

8　Chow Tse-tsung, *The May Fourth Movement: Intellectual Revolution in Modern China*（Cambridge, Mass.: Harvard University Press, 1960; Stanford: Stanford University Press, 1967）.

9　羅慷烈主編《教學集》（香港中文大學教育學院二十週年紀念專刊）（香港：中文大學教育學院，1987），頁 135-152。

政治、社會、文化、文學的基礎。因此哈佛大學東亞研究中心也將其出版成書《五四運動研究資料》（*Research Guide to the May Fourth Movement*）。[10]同時，也由於不涉及道德的判斷或感情的偏向，凸顯出客觀史學（現實主義史學）的特質。周教授在密芝根大學念的碩士與博士都是政治學，因此社會科學（政治、社會、經濟學等）影響了他的現實客觀的歷史觀，這正是當時西方的主流史學，這點與費正清的社會科學主導的客觀史學很相似。[11]而且被奉爲在中國研究中，跨越知識領域研究、文化研究最早的研究典範。

二、周策縱被遺忘的另一部五四運動史：新詩史

然而，周老師另一部五四運動史，就被人所遺忘了。因爲這是五四新詩史，周老師以寫新詩的形式來書寫的，從未出版，少爲人所知，他自己卻非常重視。

2006 年 9 月 19 日我收到周師母吳南華醫生從陌地生（Madison）寄來一個大包裹，打開一看，原來是等待很久的周策縱老師新詩全集。[12]周師母在信中說：

> 策縱的詩稿終於整理好了。現在給你一份，是經過兩個人幫忙和最後我用了許多深夜的時間，才把策縱那

---

10 Chow Tse-tsung, *Research Guide to the May Fourth Movement*（Cambridge, Mass.: Harvard University Press, 1963）.
11 參考余英時〈費正清的中國研究〉，見上引《西方漢學家論中國》，頁 1-44。
12 這部詩集原本周老師自己編好，遺漏很多，定名爲《胡説草》，後來與師母商量，重新編輯，成爲新詩全集：王潤華、周策縱、吳南華（編）《胡説草：周策縱新詩全集》（臺北：文史哲出版社，2008）。師母吳南華醫生不幸於 2009 年 3 月逝世。

　　一堆堆的亂紙排成稍有次序的詩稿。以後一切都要請
　　你幫忙了。

接着師母順便報告罹患失憶症的老師健康情況：

　　策縱近來還好，食量比三星期前好的多。他喜歡我弟
　　妹做的菜。他每天走一小段路，看傳記文學和他自己
　　寫的文章和詩。

　　師母的信是 6 月 9 日寫的。師母與女兒琴霓這次回返陌
地生是搬家，從此就定居在加州舊金山北邊的阿巴尼
（Albany）了。這次原本周老師要一起回去搬家，但由於他的
健康體力突然惡化，便沒有回去，留在加州由師母的弟妹照顧。

　　周老師十多年來，多次跟我討論整理與出版詩集的計
劃，希望把舊詩詞、新詩以及他和美國白馬社的詩人群的作
品，進行出版。在 2004 年 5 月 7 日逝世前，雖然嚴重失憶，
還是如師母所見，每天愛看自己的文章與詩作，可見他對詩
與學術，一樣重視，都是他生命中追求的終極目標。老師 1948
年離開中國前往美國留學以後，新舊詩的創作從不間斷，他
在 1961 年出版過新詩集《海燕》以後，就沒有出版過專集。
八十歲以後，他開始很緊張，因爲他長期以來想出版的詩集，
沒有一本付諸實現。在他往生前，幸好《紐約樓客：白馬社
新詩選》於 2004 年出版[13]，《周策縱舊詩存》於 2006 年出
版。[14]而他的新詩集《胡說草：周策縱新詩全集》也在 2008

13　心笛、周策縱編《紐約樓客：白馬社新詩選》（臺北：漢藝，
　　2004）。
14　陳致編《周策縱舊詩存》（香港：香港浸會大學中文系策劃，匯
　　智出版，2006）。

年出版了。[15]

上圖：新詩集《海燕》（1961），舊詩集《周策
縱舊詩存》（2006）。

　　寫詩對我的老師來說，是延續五四文學的革命，他一直
以生命來對待，所以當今年三月初，師母撥電話找我，告知
我，老師得了嚴重的肺炎，送醫院後又不幸中風，昏迷不醒。
便還特別問我有關詩集可能出版事，我說已付印中，師母後
來告訴老師，他好像聽了有反應，可見他對詩集出版非常重
視，也因此似乎就放心去了。老師 2008 年 5 月 7 日逝世，《胡
說草：周策縱新詩全集》於 2008 年 7 月出版。

---

15 王潤華、周策縱、吳南華（編）《胡說草：周策縱新詩全集》（臺
　北：文史哲出版社，2008）。

上圖：《胡說草：周策縱新詩全集》是 1950 以後
延續五四新詩發展的歷史。

三、《海外新詩鈔》：繼承大陸五四白話詩傳統的使命

　　我在〈周策縱：學術研究的新典範〉中曾指出[16]，周教
授另一項貢獻是其他重要國際學者所沒有的，就是鼓勵與推
動文學創作。他與世界各地、各個世代的作家，從歐美、中
國大陸、臺灣、香港、新加坡，都保持密切的往來。1950 年
代開始，由於中國大陸的政治，影響了文學的自然發展，他
就積極參與美國華人的文學藝術運動。文學方面有白馬社，
文化方面有《海外論壇》。他將自己與黃伯飛（1914-2008）、
盧飛白（李經）（1920-1972）、艾山（1912-1996）、唐德

16　王潤華〈周策縱：學術研究的新典範〉《世界文學評論》2006
　　年第二期，頁 201-205。

剛（1920-2009）、心笛（1932-）等 1949 年以後留居海外的
詩人，看作負著繼承大陸五四以後白話詩的傳統的使命，因
此多年來默默收集海外的詩歌作品，並希望擴大包括香港的
詩人，以編印《海外新詩鈔》，可是由於計劃太大，一拖再
拖，至今沒有成功。心笛說：

> 早在 1950 年代，周策縱教授就想編選《海外新詩鈔》，
> 收集美國與香港那時報刊上的新詩，因為他認為海外
> 的新詩，最能承繼五四新詩的風格，不受大陸中國與
> 台灣兩地那時詩壇的影響。他搜集的詩稿，曾由詩人
> 淡瑩幫助編選剪貼，以為在八○年代初期即可付印。
> 廿多年來，「只聽樓梯響」，但不見書的出版。

> 知悉周教授講學著述及學術研究極忙而無暇顧及《海
> 外新詩鈔》後，我為了想促使該書的早日問世，自告
> 奮勇，請周教授將舊稿找出寄來，由我幫助整理稿件。
> 2001 年，周教授終於在萬卷藏書的家中，好不容易尋
> 出舊稿，自陌地生寄到加州給我。這些藏了幾十年的
> 稿件，有許多泛黃的紙頁與模糊不清的字跡，都得一
> 一重新抄打或影印。於是我查看世界線上書庫、借集
> 子、影印、剪貼、補選。並依周教授之言，多選白馬
> 社社員之作。我寫信給唐德剛教授、親去黃伯飛教授
> 住處索稿。瑣瑣碎碎的整理過程，使我了然為何《海
> 外新詩鈔》會被擱置一邊這麼多年。

> 整理出的詩稿竟達五、六百多頁。入選人詩作的數量
> 參差不齊，有多至七十幾首的，有僅有一首的。其中
> 白馬社社員的作品量數最多。正在為難如何刪減白馬

社人的作品，詩人出版家林蔚穎先生與洛山磯《新大
陸》詩刊主編陳銘華先生同時建議將白馬社社員的詩
作放在一起，出一個《白馬社新詩選》的集子。這真
是一個很有見地的建議，也正合我早年有過的心意，
於是我又重新增選白馬社社員的詩作。我們為能出《白
馬社新詩選》而高興，但也為《海外新詩鈔》又得暫
時擱淺而感到惋惜。若能兩本書同時出版該是多好！
但願不久有機緣能將《海外新詩鈔》付印，以圓周教
授多年的心願。[17]

　　黃伯飛教授（1914-2008）也曾說：「策縱兄希望把艾山
和我其他幾位的詩放在一起，作為 1949 年以後居留海外的同
好們，繼承五四以後白話詩的傳統的一個集子」[18] 所以周老
師的《海外新詩鈔》仍然沒有出版，五四白話新詩革命史仍
然缺少重要的一章，因此我們的白話文學史，至今仍然是不
完整的。

四、胡適：「白馬社是中國的第三文藝中心」

　　曾在威斯康辛大學追隨周策縱讀學位的學生，尤其有喜
歡文學創作的，一定常常聽到他講述白馬社的那段文學史。
老師在 2003 年為《白馬社新詩選》寫序時，有一段簡要的回
憶：[19]

　　在二十世紀五十年代初期，約於 1954 年，一批在美國

17　心笛〈後記〉《白馬社新詩選 —— 紐約樓客》，頁 399-400。
18　見王潤華等編《創作與回憶：周策縱七十五壽慶集》（香港：中
　　文大學出版社，1993），頁 117。
19　《白馬社新詩選 —— 紐約樓客》，頁 3。

紐約市的中國留學生，自動的組織了一個「白馬文藝社」，「白馬」二字，由顧獻樑建議，取玄奘白馬取經之意；「文藝社」三字則由唐德剛提議加上，以免誤會作別的社團。雖然一年以前由林語堂先生出資支持了一個《天風月刊》，由林先生次女公子太乙主編，旅美中國留學生也有許多人參加投稿，不到一年，因林先生去新加坡主持南洋大學，《天風》停辦。事實上，「白馬社」可說是第二次世界大戰後，中國留美學生自動組織的第一個文藝社團。社團裏新舊詩人、小說家、藝術家、學者，都出了不少。當時，這些留學生還是無名小卒，可是胡適先生在紐約卻很重視他們，說「白馬社是中國的第三文藝中心」，就是在中國和台灣之外的第三個中心。

周策縱教授，除了對林語堂（1895-1976）、胡適（1891-1962）對白馬社的支持，感到感激，他認爲顧獻樑也很重要：

可是我在這裏，卻要特別紀念給「白馬」命名的那位朋友顧獻樑。他那時的夫人是馬仰蘭女士，馬寅初先生的女兒。他們住在紐約市區一個高樓上，裏裏外外都漆得朱紅朱紅的，我把它戲稱做「紐約紅樓」。當時我要德剛少搞些歷史，多寫些小說，寄他的詩就有「紐約紅樓夢有無」的追問，他寫出了《紐約紅樓夢》麼？可是不久以後馬仰蘭就去了非洲，顧樑（我們當時

多半這樣叫他）竟和她離了婚，自己也跑去了台灣。[20]

　　因為顧獻樑（1914-1979）和唐德剛是白馬社的創始人，前者很早就去了臺灣，後者的《胡適雜憶》一書的第五章，作過較詳細的報道：

　　　　上圖：由《海外新詩選》作品精簡改編的《白馬
　　　　社新詩選》（2004）。

20　《紐約樓客：白馬社新詩選》，頁4。

上圖：白馬社重要詩人：左起周策縱、唐德剛、盧飛
白（李經）、艾山、唐德剛、心笛與黃克孫。

　　胡先生當年在紐約閱報評詩之餘，他也時常向我說：
「你們在紐約也是中國新文學在海外的第三個中心。」
另外兩個「中心」據他說便是臺北和香港。他所以說
這句話的緣故，就是因為五十年代裏中國知識份子在
紐約也曾組織過一兩個文藝團體。胡適之對我們這種
小文藝組織真是鍾愛備至，而他老人家自己也就自然
而然地變成這些小團體的當然指導員和贊助人了。[21]

<hr>

21 同上，頁399。

　　1951 年林語堂在紐約創辦天風社，出版《天風月刊》，由女兒林太乙主編。林語堂因爲應聘新加坡南洋大學校長的職務，而全家離開紐約，因此刊物就停辦了。後來顧獻樑和唐德剛等人便組織白馬社文藝社，前者提議用「白馬」，含有唐朝玄奘留學印度白馬取經之義，後者加上文藝是怕別人誤會其組織的目的。唐德剛指出：

> 胡適之先生對我們這個「白馬社」發生了極大的興趣。
> 林先生去後，胡先生就變成我們唯一的前輩和導師了。他顯然是把他自己所愛護的小團體估計過高，因而把它看成中國新文學在海外的「第三個中心」！
> 「白馬社」的組織，在範圍上說是比「天風社」擴大了，因為它有「文」有「藝」。[22]

　　當時算是白馬社的作家、詩人之外，還有吳納孫（鹿橋），他的名作《未秧歌》就是在白馬社時期寫的。周文中也因爲白馬社而搞起音樂，成爲作曲家，蔡寶瑜很年輕就成爲美國頂尖陶塑界人物，她的早逝，對同仁打擊很大。

　　唐德剛對歷史與小說比較有興趣，他認爲詩歌貢獻最大，胡適看重白馬社也因爲是詩。他的看法正確：

> 胡先生最喜歡讀新詩、談新詩、和批評新詩。而白馬同仁竟是一字號的新詩起家。他們厚著臉皮彼此朗誦各式各樣的新詩。這些白馬詩人中有稚態可掬的青年女詩人心笛（浦麗琳）；有老氣橫秋的老革命艾山（林振述）；有四平八穩「胡適之體」的黃伯飛；也有雄

---

22 同上，頁 404。

偉深刻而俏皮的周策縱。……

在老胡適底仔細評閱之下，心笛的詩被選為新詩前途
的象徵，「白馬社」中第一流的傑作。作者是個二十
才出頭，廿四尚不足的青年女子。聰明、秀麗、恬靜、
含蓄。詩如其人，因而新詩老祖宗在她底詩裡充分底
看出今後中國新詩的燦爛前途。[23]

「白馬社」詩人雖然不多，但以其作品的多樣化，就是
一個詩壇。胡適喜歡的新詩都是純情的抒情短詩，如心笛的
這樣的玲瓏秀麗的作品〈喜遇〉（1956.8.27）：

比祥雲還要輕

喜悅

在靜極的田野上

起飛

似一束星星

撫過一架自鳴的琴

昨日下午

碰見你

清湖的眼睛

隱顯中

漾起霧幻詩

浪散出不知名的字[24]

---

23 同上，頁 408。
24 同上，頁 349。

　　1956 年的臺灣詩壇，反共文學主導下，現代詩還不成熟，這樣高水準的純詩也不多見，怪不得胡適認爲白馬社不但是中國和台灣之外的第三個文學中心，更是代表「今後中國新詩的燦爛前途」的作品。但是唐德剛說：

> 但是老胡適卻和我們的老革命艾山過不去。他說艾山的詩「不好」。「不好」的原因是它令人「看不懂、也唸不出！」可是堅持只有「看不懂、唸不出」才是「好詩」的艾山不服氣。擁護艾山派的陣容也不小，大家紛起與老胡適辯難，他們甚至說，「新詩老祖宗」已落伍，思想陳腐，不能隨時代前進。艾山是聞一多先生的得意門生。聞氏生前就曾推許過「看不動、唸不出」的艾山體是「好詩」！[25]

　　擁艾山派的人認爲這樣的詩也是好詩，請讀艾山的〈魚兒草〉：

> 朋友對我講失戀的
> 故事我說譬如畫魚
> 明窗淨幾
> 腦海裡另植珊瑚樹
> 移我儲溫玉的手心
> 筆底下
> 掀起大海的尾巴
> 鱗甲輝耀日月
> 綴一顆眼珠子一聲歎息

---

25 同上，頁 409-410。

添幾朵彩雲

借一份藍天的顏色嗎

夢與眼波與輕微喟的惜別

水是夠了

忘卻就忘卻罷

我卑微的園子　內生或死

都為裝飾別人的喜悅 [26]

上圖：《胡說草：周策縱新詩全集》是 1950 以後
延續五四新詩發展的歷史。

　　這首非常現代主義的好詩，收集於一九五六年出版的《暗草集》，由此可見白馬社的許多詩歌，尤其艾山、李經、心笛，在五十年代已寫出這樣的現代主義的詩歌，可說早已走在臺灣現代主義詩壇的前面，這是急待研究的被忽略的中國

26 同上，頁 24。

詩歌發展史的一章。從詩的本質來説，李經的詩最超越，可說是現代詩的登峰造極，可惜他創作嚴肅，作品不多。我有幸在 1968 至 69 年間在威斯康辛大學曾上過李經（盧飛白）老師的中國現代文學與艾略特兩門課，常向他請教，發現他的現代主義的詩與臺灣最好的比較，有過之而無不及。他是美國芝加哥批評家 R.S. Crane, Elber Olson, George Williamson 和 Richard Mckeon 的高足，成爲芝加哥批評家其中一位成員，他的艾略特研究，驚動美國學界。[27]非常可惜《白馬社新詩選》中只有李經老師的三首詩，但都是極品[28]，如〈葉荻柏斯的山道〉（第五曲，雞唱之前），是一首跨文化的長詩，意象、詩的結構、智性與感性都有中國舊詩與艾略特現代派詩歌的傳統。[29]下面這首紀念他與艾略特在倫敦見面的長詩的一段，可見其功力：[30]

> 他清瘦的臉蒼白如殉道的先知，
>
> 他微弓的背馱著智慧，
>
> 他從容得變成遲滯的言辭，

---

27 Fei-Bai Lu, *T.S. Eliot: The Dialectical Structure of His Theory of Poetry* (Chicago: University of Chicago Press, 1966).

28 1972 年逝世後，我曾編輯他的詩文集，詩 25 首，單篇論文 13 篇，寄到臺北出版，後來稿件被出版社遺失。周教授的序文發表於《傳記文學》22 卷 4 期（1973 年四月）。我有兩篇論文紀念盧飛白老師，本是附錄遺失的詩文集裏，見〈盧飛白（李經）先生的文學觀及批評理論〉、〈美國學術界對盧飛白的艾略特詩論之評論〉，收入我的《中西文學關係研究》（臺北：東大圖書，1987），頁 246-268；頁 269-275。過去二年，我重新編輯《盧飛白詩文集》，定 2010 年初由台北文史哲出版社出版。

29 《白馬社新詩選》，頁 243-244。

30 李經〈倫敦市上訪艾略忒〉《文學雜誌》4 卷 6 期（1958 年 8 月），頁 8-9。

還帶著濃厚的波斯頓土味，

他的沉默是交響樂的突然中輟，

負載著奔騰的前奏和尾聲——

他的沉默是思想的化身，

他的聲音是過去和未來的合匯。

上圖：李經（盧飛白）及其學術名著《艾略特詩
論中辯證法的結構》（1966）。

　　由於適之先生對「白馬社」裡新詩的評語，二十年前紐
約的新詩作家們與胡適之先生一場論辯，正如唐德剛的洞見
所透視，讓我們對胡氏早年所受西洋文學——尤其是美國文
學的影響有著更深一層的認識。胡適認識的詩歌局限在西方
學院派的四平八穩的浪漫主義的格律詩歌，雖然受到意象派
的啟發[31]，但其提倡的詩歌技巧與內容正是英美現代派詩歌

31　王潤華〈從西潮的內涵看中國新詩革命的起源〉，見《中西文學
　　關係研究》，頁 227-245。

要革命的對象。

　　同時這一群散居歐美的詩人，都在 1949 年之前離開中國到歐美，正如瘂弦所見，他們的創作基本上承襲並延續 1949 年以前的新詩的詩風，有獨立於 1949 年以後臺灣與大陸的詩之外，所以肯定自己是新文學運動以降中國文學衣缽傳人。瘂弦認爲「此中詩人以周策縱爲首，另有白馬社一些文人亦屬之。」[32]

五、周策縱的《胡說草》是一部新詩發展史

　　我上面說過，《白馬社新詩選》，或是至今尚未編好與出版的《海外新詩鈔》是一部五四以來的新詩發展史，這裡有類似自由派、新月派爲的黃伯飛、湖畔四詩人唯美派的心笛、極前衛的代表象徵與現代主義的艾山。而周策縱教授的詩從五十年代寫到九十年代，從自由詩、格律詩、象徵、現代主義詩歌，甚至後現代主義詩歌，從文學研究會詩人群、詩湖畔四詩人、創造社詩人群、新月社（前期）詩人群代現代派詩人，甚至後現代詩人的作品，幾乎都可以找到典範性的作品。關於這一點，我將有專文討論。

　　周策縱教授在 1948 年離開中國到美國留學前，就已開始寫詩，目前《胡說草》存稿中最早的詩有寫於 1930 年的《竹》，題名雖然傳統，但想像力與構思突破傳統：

　　　巨筆揮灑向天空

　　　畫一幅潑墨雲霧

---

32 瘂弦編選《當代中國新文學大系》（詩部分）（臺北：天視出版
　　社，1980），導言，頁 26-27。

　　　　餘潘一滴一滴成雨水

　　　　瀏鬱地溜下來

　　　　黏不住翠綠的枝葉

　　　　挨在又圓又潤又薄又明之間過活

　　　　忽然，忽然，泥地上

　　　　無數纖纖的筆尖也上伸上伸

　　　　都爭先要寫向藍天

　　　　趁著春訊，猛地裡抖出生趣

　　他到了美國開始那十年，創作很多，可能有白馬社的原因，1961 年出版的《海燕》共收六十八首詩，都是 1949 到 59 的作品。[33]由於他大膽的試驗、詩不斷的轉型，試讀下面寫於 1992 年的〈讀書〉，那裏像從五四走過來的詩人寫的詩：[34]

　　　　他躺在床上讀書

　　　　從甲骨文直讀到草書

　　　　把頭髮越讀越白了

　　　　他用手去摸一摸西施的笑

　　　　她噗哧一聲發嗔說

　　　　你當初為什麼不呢

　　　　他臉也紅了

　　　　頭髮也黑了

　　　　一頁又一頁　有人待在誰的黃金屋裡

---

33 周策縱《海燕》（香港：求自出版社，1961）。
34 《白馬社新詩選》，頁 198-199。

只聽見咯咯的笑聲

再翻下去

是一陣哭泣

他趕快把書關了

可是頭髮越白越讀呢

　　就如洛夫所指出，通過「一陣調侃，一種深沈的反思，處理手法頗有『後現代』的趣味。」[35]余光中對周策縱的〈海峽〉（1996）這首詩讀了竟敬佩不已，因爲「意象逼人」、他還說「匠心獨造，老來得詩而有句如此，可佩也。」請讀這首詩：[36]

當然都是可以載船或翻船的水

不料從這邊或那邊望去

卻總有點兒水土不服

波濤上晚霞拖一條血紅的繩

不知會牽出喜事還是喪事

總比在別人屋詹下還好些罷

這水，有些人是親自渡過的

有些人是父母親渡過的

當然也有些遠祖父母……

這樣就能造成海峽麼

35　《白馬社新詩選》，頁 224。

36　《白馬社新詩選》，頁 226-227。此詩發表於 1996 年 5 月 25 日的《聯合報》副刊，後收集於余光中、蕭蕭等編《八十五年詩選》（臺北：現代詩季刊社，1997），頁 31。有余光中的小評。

> 反正水沒記性
>
> 魚又不是太史公
>
> 然而，回頭就是兩岸
>
> 難道該讓人比魚還滑頭嗎

余光中指出：

> 海峽兩岸原是同民族，只有先來後到之別，無人種、
> 文化之分。所謂「水土不服」，只半世紀的政治所造
> 成。作者引用「水可載舟，亦可覆舟」之意，更益以
> 喜事或喪事之變，來勸喻兩岸之人，用心很深。紅繩
> 原可牽出喜產，紅的繩就未必了。這血紅的繩偏是晚
> 霞所牽，意象逼人，匠心獨造，老來得詩而有句如此，
> 可佩也。篇末以水與魚來與人比，指出人而忘本，將
> 不如魚，又闢出一境。

> 此詩風格清俊，深入淺出，饒有知性，可以上追馮至、
> 卞之琳、辛笛。所謂十四行，全無押韻，句法也不齊，
> 甚至段式都呈「倒義大利體」，前六後八，另成一格。[37]

余光中所說「可以上追馮至、卞之琳、辛笛」極含深意，
因爲周策縱是一位敢於嘗試與試驗各種形式與內容的詩歌，
由於他創作生命長久，在他一生所寫的新詩作品，幾乎可以
輕易的找到代表各個詩派特色的詩，從胡適、康白情、徐志
摩到聞一多、戴望舒、艾青到臺灣現代派及後現代的詩人。

關於這一點，我將有專文討論，這裡無法詳談。周策縱

---

37 同上。

自己寫詩，實在帶有反映詩歌發展歷史的使命。他除了以各
種形體的詩歌來實踐，也以一系列的論文來建構新詩的理
論，在《棄園文粹》裏就有〈新詩格律問題〉、〈中國新詩
的三種現象〉、〈定形詩體五要點〉等論文探討。[38] 他始終
認爲除了自由新詩、定形的現代詩是需要的，而且缺少大膽
的創作實驗。

上圖：王潤華、周策縱、吳南華（編）《胡說草：周策縱
　　　新詩全集》（臺北：文史哲出版社，2008）與《棄
　　　園文粹》（上海：上海文藝，1997）。

六、世界華文學的新視野

　　周教授除了中國學術的巨大貢獻與影響，他另一項貢獻
是其他學者所沒有的，就是鼓勵與推動文學創作。由於長期

---

38 周策縱《棄園文粹》（上海：上海文藝，1997），頁 145-154。這
　　幾篇論文都經過刪減。

與世界華文作家的交流與鼓勵，很多年輕作家後來都到威大教書或深造，以我認識的就有不少，如臺灣有丁愛真、洪銘水、陳博文、鍾玲、高辛勇、王曉薇、黃碧端、瘂弦、高信疆、羅志成、古蒙人、周昌龍、蔡振念、范銘如、王萬象、嚴志雄，馬來西亞/新加坡有王潤華、淡瑩、黃森同、蔡志禮、香港有何文匯、吳瑞卿（兩人均沒有在威大讀書，但來往密切）、陳永明，大陸有陳祖言、陳致等。周教授的新詩常發表在《明報月刊》、《香港文學》、《新華文學》、《聯合副刊》、《創世紀》等刊物。同樣的，周教授也跟世界各地的舊詩人與書畫家有密切的關係，新加坡的潘受、大陸的劉旦宅、戴敦邦，香港的饒宗頤，臺灣的董陽之等，他對書畫不止於興趣，也有其專業性，如在一九九五年臺北書法界要編一本民初書法，特別請周教授回來臺北住了來幾個月，把《民初書法：走過五四時代》編好，[39]因爲當今學者沒有開拓過這個領域。當他的學生們預備爲他出版一本《周策縱教授七十五壽慶集》時，他建議以文學創作爲主，後來便成爲香港大學出版的《創作與回憶》，裏面也收集了周公的新舊詩及書畫作品。[40]

由於他與世界各地的作家的密切來往，本身又從事文藝創作，他對整個世界華文文學也有獨特的見解，具有真知灼見。如上面提到的，他 1948 年到美國後，就自認要繼承五四的新詩傳統，聯合海外詩人，尤其紐約的白馬社，繼續創作，

---

39 周策縱（編）《民初書法：走過五四時代》（臺北：何創時書法藝術文教基金會，1995）。
40 王潤華等編《創作與回憶：周策縱七十五壽慶集》。

他所編輯的《海外新詩鈔》就是中國文學發展的重要的一章，不可被完全遺漏。[41]1989 年新加坡作家協會與歌德學院主辦世界華文文學國際會議，特地請周教授前來對世界各國的華文文學的作品與研究作觀察報告。他對世界各地的作品與研究的情況，具有專業的看法。在聽取了 27 篇論文的報告和討論後，他指出，中國本土以外的華文文學的發展，已經產生「雙重傳統」（Double Tradition）的特性，同時目前我們必須建立起「多元文學中心」（Multiple Literary Centers）的觀念，這樣才能認識中國本土以外的華文文學的重要性。

我們認爲世界各國的華文文學的作者與學者，都應該對這兩個觀念有所認識。任何有成就的文學都有它的歷史淵源，現代文學也必然有它的文學傳統。在中國本土上，自先秦以來，就有一個完整的大文學傳統。東南亞的華文文學，自然不能拋棄從先秦發展下來的那個「中國文學傳統」，沒有這一個文學傳統的根，東南亞，甚至世界其他地區的華文文學，都不能成長。然而單靠這個根，是結不了果實的，因爲海外華人多是生活在別的國家裏，自有他們的土地、人民、風俗、習慣、文化和歷史。這些作家，當他們把各地區的生活經驗及其他文學傳統吸收進去時，本身自然會形成一種「本土的文學傳統」（Native Literary Tradition）。新加坡和東南亞地區的華文文學，以我的觀察，都已融合了「中國文學傳統」和「本土文學傳統」而發展著。我們目前如果讀一本新加坡的小說集或詩集，雖然是以華文創作，但字裏行間的世

---

41 後來心笛與周策縱從眾多作品中，現編輯出版《紐約樓客：白馬社新詩選》（臺北：漢藝，2004）。

界觀、取材、甚至文字之使用，對內行人來說，跟大陸的作品比較，是有差別的，因爲它容納了「本土文學傳統」的元素。[42]

當一個地區的文學建立了本土文學傳統之後，這種文學便不能稱之爲中國文學，更不能把它看作中國文學之支流。因此，周策縱教授認爲，我們應建立起多元文學中心的觀念。華文文學，本來只有一個中心，那就是中國。可是華人偏居海外，而且建立起自己的文化與文學，自然會形成另一個華文文學中心；目前我們已承認有新加坡華文文學中心、馬來西亞華文文學中心的存在。這已是一個既成的事實。因此，我們今天需要從多元文學中心的觀念來看詩集華文文學，需承認世界上有不少的華文文學中心。我們不能再把新加坡華文文學看作「邊緣文學」或中國文學的「支流文學」。我後來將這個理論加以發揮，在世華文學研究學界，產生了極大影響。[43]

---

42 王潤華等編《東南亞華文文學》（新加坡：歌德學院/新加坡作家協會，1989），頁 359-362。
43 王潤華《從新華文學到世界華文文學》（新加坡：潮州八邑會館，1994），頁 256-272。

第七章　五四、離散與文化流變： 周策縱的棄園新詩學

一、周策縱的新詩學：棄園詩學

　　棄園是我的老師周策縱教授（1916-2007）在美國威斯康辛（Wisconsin）陌地生（Madison）的故居，後來也成爲他的外號。他生前最後三本著作自定的書名《棄園文粹》、《紅樓夢案：棄園紅學論文集》、《棄園古今語言文字考論集》，都以棄園名之。[1]他前後在此定居四十多年，是他被放逐的家園，也是他的「文化中國」。在杜維明的〈文化中國：邊緣中心論〉（Cultural China :The Periphery as the Center）、〈文化中國與儒家傳統〉、〈文化中國精神資源的開發〉諸文章中，他認爲「文化中國」的內涵，不只建立在政治結構、社會組織上的，也是一個文化理念。今日產生重大影響力的中國文化發展、研究與論述，主要的一部分在海外，這些人包括在外國出生的華人，或研究中國文化的非華人，這些人物

1　《棄園文粹》（上海：上海文藝出版社，1997 年）；《紅樓夢案》（香港：香港中文大學出版社，2000 年）；《棄園古今語言文字考論集》（臺北：萬卷樓，2005）。

的中心超越地理上的中國，由中國大陸、香港、臺灣與散居
世界各地的以華人共同構成。[2] 周教授在 1978 年寫的舊詩
〈風雪〉，其中前兩句「滿城都睡我猶醒，頓覺江山到戶庭」
[3]，回應的正是這樣的文化中國。他的棄園中的學術研究與詩
歌創造了一個文化中國。「頓覺江山到戶庭」的江山，一方
面是終一生懷戀與思考的中國，二方面也是一個邊緣性的綜
合性的世界。

　　身在異鄉，而心存故國，這是周老師的文化情懷。他如
何在地理遷徙的現代時空內，表現出不同的文化想像與文學
生產？本文研究的棄園詩學，聚焦在探討，作者如何在被放
逐的異鄉，終生寫中文詩，他如何為自己定位？我們又該如
何給他定位？本文將從五四詩歌在海外的延續與傳承、放逐
的、邊緣性的、離散的華人族群中文詩歌，在文化流變中的
中文現代詩等層面，來研究一位被放逐異鄉寫詩人的詩學結
構。周策縱從一九四八年流放美國之前開始寫作，一直到
2007 年逝世時，從不間斷，雖然作品不多，但其嘗試過白話
自由詩、格律詩，又如何轉化成現代詩與後現代詩？又如何
通過語言變遷、跨中西政治文化、邊緣思考等建構了一種新
的新詩學，一種我所謂的「棄園詩學」。

---

2 Tu Wei-ming , "Cultural China :The Periphery as the Center" in Tu
　Wei-ming, ed. , *The Living Tree: The Changing Meaning of Being
　Chinese Today*（Stanford: Stanford University Press, 1994），
　pp.1-34;杜維明〈文化中國與儒家傳統〉，《1995 吳德耀文化講座》
　（新加坡：國大藝術中心，1996 年），頁 31；杜維明〈文化中國
　精神資源的開發〉，鄭文龍編《杜維明學術文化隨筆》（北京：中
　國青年出版社，1999），頁 63-73。
3 陳致編《周策縱舊詩存》（香港：匯智出版社，2006），頁 109。

二、周策縱的棄園：「移家小山下，冰雪是鄰居」

　　周策縱的舊詩《移家四首》之一所說「移家小山下，冰雪是鄰居」，[4]説明他寫詩的時候，被放逐在社會邊緣，遠離政治權力，置身于正統文化之外。

　　這是一個全球作家自我放逐與流亡的大時代，許多作家移民到陌生與遙遠的土地。這些作家與鄉土，自我與真正家園嚴重割裂，作家與本土文化傳統與域外文化或西方中心文化間的衝擊，提供給世界文學極大的創造力。現代西方文化，許多均爲流亡者、移民、難民的著作所構成。美國今天的學術、知識與美學界的思想所以如此，正因爲它某部分，是出自法西斯與共產主義的難民與其他政權的異議分子。二十世紀的西方文學，簡直就是 ET（extraterritorial）文學，這些邊緣文學作品的作家與主題，都與流亡、難民、移民、放逐、邊緣人有關。這些外來人及其作品，正隱喻我們正處在一個可能是難民的時代。今日的中文文學、華文文學或華人文學，也多出自流亡者、自我放逐者、移民、難民之筆。[5]

　　周策縱建構的陌地生的郊外的民遁路棄園，具有獨特的象徵意義。棄園隱喻他意識裡一流的前衛的知識份子或作家，永遠都在流亡的信念。作爲前衛的知識份子，他可能永遠被放逐在社會邊緣，遠離政治權力，置身於正統文化之外，這樣知識份子/作家便可以誠實的捍衛與批評社會，擁有敏銳

4　《周策縱舊詩存》，頁 109。
5　Edward Said, "Reflection on Exile," in Russell Ferguson and others（Eds）, *Out There: Marginalisation and Contemporary Cultures*（Cambridge, MA: MIT Press, 199?）.

的觀察力。遠在他人發現之前，他已覺察出潮流與問題。古
往今來，流亡者都有跨文化與跨國族的視野。[6]只有這樣，我
們才能瞭解周策縱新詩全集在詩歌多元「新詩體」的試驗下，
對跨越中國的情懷，對開放性的人類世界的書寫。因此我們
先探討棄園的文化內涵。這是解讀周策縱詩歌的第一步。

　　2007 年 5 月 7 日下午六點左右，周策縱在舊金山北郊阿
巴尼家中逝世。享年九十一高壽。大概八十歲以後，每年十
一月嚴冬降臨時，從老家陌地生飛到舊金山北郊阿巴尼
（Albany）小鎮的公寓過冬。老師生前吩咐不要火化，要運
回威斯康辛的陌地生安葬，所以他往生後，葬禮安排 5 月 20
日在陌地生舉行，實現他的心願。老師是國際五四運動學術
研究權威，他大概堅持度過了五四運動第八十八年紀念日，
才放心而去。他每年在陽光燦爛的加州過冬，威斯康辛的冰
雪溶解後，春暖花開時才從加州回返陌地生。他最後的人生
旅程也是自己特意安排吧？他從三月等到五月，就是要在春
天才肯回去陌地生棄園，老師很怕這個寒冷的人間。

　　以棄園來稱呼他的美國家園，不是在陌地生開始，他曾
作詩〈自題畫枇杷〉，詩末自注「1964 年夏天於波士頓之棄
園。」[7]可見棄園最早用於周老師在哈佛擔任研究員期間的住
所。應該是指他在 1961 至 1964 期間在哈佛附近的家，住址
是波士頓西郊的西牛頓佛德漢路 73 號（73 Fordham Road,
West Newton, Mass），他在哈佛住過的地方應該有幾個，常

---

6 Edward Said, "Intellectual Exile: Expatriates and Marginals," *The Edward Said Reader*. ed. Moustafa Bayoumi and Andrew Rubin（New York: Vintage Books, 2000），p.371.
7 《周策縱舊詩存》，頁 107。

出現的，一是更早之前的靠近哈佛大學的住所，位址爲劍橋哈佛街 266A 號（266A, Harvard St., Cambridge, Mass），另一個是劍橋夏天街 20 號（56,Summer St., Cambridge）。周老師的舊詩《移家四首》，詩末自注「1965 年 12 月於陌地生市民遁路之棄園」，可見他在 1965 年才購置美國威斯康辛州陌地生民遁路 1101 號的家園。

上圖：周教授 2000 年 4 月 28 日站在陌地生棄園
車道前（照片周策縱提供，王潤華收藏）。

周教授在 1963 年從哈佛到威斯康辛大學（University of Wisconsin, Madison）的東亞語言文學系擔任客座講師，第二年（1964）接受正式的聘約，成爲成爲專任副教授，這一年他還是哈佛與陌地生兩地跑。周教授從 1963 到 1964 年，前後 31 年才退休。由於大學還保留研究室給榮休教授，這以後他還是常常回返東亞語文系。自 1994 年退休前，三十多年幾乎每天從陌地生的西郊的棄園民遁路（Minton Road）開車往

返威斯康幸大學，途中經過快速道（Speed Way）一片幽靜的樹林墳場（Forest Hill Cemetery），他非常喜歡，因此八十歲時就買了四個墓地，希望以後夫妻、甚至兩位女兒都在此安息。他還說已跟殯儀館簽好殯葬儀式費用的合約。

上圖：1996 年周策縱教授笑哈哈的站在生前給自己
購買的在陌地生的墓地上（王潤華攝影）。

波斯頓西郊的西牛頓佛德漢路 73 號，居住的時間沒有很長久，一般人認定周策縱的棄園就是陌地生的棄園。周老師到了威斯康辛大學以後，首先創造了符合他心理情況的地名，把居住的 Madison 翻譯成陌地生，而他家的路名 Minton Road 稱爲民遁路。所以陌地生的民遁路上的棄園，我是這樣詮釋的：一是周老師去國無家可歸後，生活在海外陌生地方的家園，身（深）感被流放，被拒絕之苦；二同時也是刻意要自己遠離是非紛亂的塵世。1965 年 12 月，他突然從人口

稠密，文化興盛的美國東部波士頓，搬遷到人口稀少的一望無際的玉米與叢林的邊緣區域威斯康辛州，正如舊詩《移家四首》之一所說，他變成與冰雪做鄰居，因為搬進棄園的時間是大雪紛飛的年底：[8]

> 中北多天地，長林一望虛。
>
> 移家小山下，冰雪是鄰居。

上圖：周策縱教授陌地生民遁路 1101 號的棄園，
1986 年隆冬的景象（王潤華攝影）。

這首詩不但說明他永遠被放逐在社會邊緣，遠離政治權力，置身于正統文化之外，也是地理生活的實況書寫。美國在中西部的威斯康辛州，以農業為主，而且全面機械化的耕作，人煙稀少，才幾年前，我開車進入許多小鎮，其村鎮名字告示牌上都寫上人口數目，少的只有幾百人，多的也不過三幾千人。其首都陌地生，主要是行政與大學城，在 1950 年，人口只有九萬六千人，平均人口增長很小，1960 年十二

---

8 〈移家四首其一〉《周策蹤舊詩存》，頁 109。

萬人，2006 年也只不過二十二萬人。[9]怪不得周老師說，從他家門口遠望，「中北多天地，長林一望虛。」一旦下雪，就變成「冰雪是鄰居」。在我跟老師念書的 1970 年代前後，棄園在陌地生郊外西邊，新建的地區，算是邊緣的邊緣，所以老師從市區的大學開車回家，感覺是回歸陶淵明的田園，甚至桃花源：[10]

> 犬吠人間遠，歸途入暝深。
>
> 偶然驚栗鼠，落葉動疏林。

在這《移家四首》第四首寫道：「久客真如棄，江山忽有情。燈前伴嬌女，未覺夜寒生」。他終於流露出被國家社會拋棄，只好在異鄉再建家園的情懷，這個家園，索性就成爲棄園。雖是棄園，卻充滿溫暖。這是老師自 1948 年流落海外以來，最快樂、最溫暖的日子，這時候他離開哈佛大學研究員的身份，被威斯康辛大學正式聘請爲大學教授，同時擔任東亞語文系與歷史系的雙料教授。除了中國文化歷史，他可以開展他最喜歡的。中國古今文學與理論研究及對古文字與經典的考釋。後來他的重要著作如《紅樓夢案》、《棄園古今語言文字考論集》[11]就是這個時期開始的研究計劃。這時候他的成名作《五四運動史》成爲世界各大學教授與研究中國近現代文學、歷史、文化、思想的權威著作，被肯定爲國際間五四運動研究權威。[12]其中所謂「燈前伴嬌女，未覺夜

9　人口數目，見http://en.wikipedia.org/wiki/Madison,_Wisconsin。

10　〈移家四首其三〉《周策蹤舊詩存》，頁 109。

11　《紅樓夢案：棄園紅學論文集》（香港：香港中文大學，2000）；《棄園古今語言文字考論集》（臺北：萬卷樓，2006）。

12　Chow Tse-tsung, *The May Fourth Movement: Intellectual Revolution*

寒生」的嬌女，這是指周老師與師母吳南華醫生的兩位嬌女，
那是聆蘭與琴霓姐妹，1965 年，她們還是小孩子。

三、《海外新詩鈔》與《白馬社新詩選》：
五四新詩的革命、延續、傳承與流變

　　寫新詩對我的老師來説，絕不只是文學嗜好，具有強烈
的使命感，立志延續五四文學的革命，他的詩，代表了五四
新詩的傳承與演變的一種。他一直以生命來對待。所以 2006
年 3 月初，師母撥電話告知我，老師得了嚴重的肺炎，送醫
院後又不幸中風，昏迷不醒。便還特別問我有關詩集《胡説
草》[13]出版進展，我說已在付印中，師母後來告訴老師，他
好像聽了有反應。或許可見他對詩集出版非常重視，也因此
似乎就放心去了。[14]

　　我在〈周策縱：學術研究的新典範〉[15]中曾指出，周教
授另一項貢獻是其他重要國際學者所沒有的，就是鼓勵與推
動文學創作。他與世界各地、各個世代的作家，歐美、中國
大陸、臺灣、香港、新加坡、大陸等地的優秀文士，都保持
密切的往來。1950 年代開始，由於中國大陸的政治，影響了

---

in Modern China（Cambridge, Mass: Harvard University Press,1960;
Stanford: Stanford University Press, 1967.）；Chow Tse-tsung,
Research Guide to the May Fourth Movement（Cambridge, Mass.:
Harvard University Press, 1963）.

13 當時周老師親自編好《胡説草：周策蹤新詩全集》中的第一集，
並命名爲《胡説草》。

14 師母吳南華醫生 2009 年 3 月 14 日病逝於加州阿巴尼。

15 王潤華〈周策縱：學術研究的新典範〉《世界文學評論》，2006
年第 2 期，頁 201-205。

文學的自然發展，他就積極參與美國華人的文學藝術運動。
文學方面有白馬社，文化方面有《海外論壇》。他將自己與
黃伯飛（1914-2008）、盧飛白（李經，1920-1972）、艾山
（1912-1996）、唐德剛（1920-2009）、心笛（1932）等1949
年以後留居海外的詩人，看作負著繼承大陸五四以後白話詩
的傳統的使命，因此多年來默默收集海外的詩歌作品，並希
望擴大包括香港的詩人，以編印《海外新詩鈔》，可是由於
計劃太大，一拖再拖，至今沒有出版。心笛說：

> 早在1950年代，周策縱教授就想編選《海外新詩鈔》，
> 收集美國與香港那時報刊上的新詩，因為他認為海外
> 的新詩，最能承繼五四新詩的風格，不受大陸中國與
> 台灣兩地那時詩壇的影響。他搜集的詩稿，曾由詩人淡
> 瑩幫助編選剪貼，以為在八〇年代初期即可付印。廿多
> 年來，「只聽樓梯響」，但不見書的出版。[16]

　　黃伯飛教授也曾說：「策縱兄希望把艾山和我其他幾位
的詩放在一起，作為1949年以後居留海外的同好們，繼承五
四以後白話詩的傳統的一個集子」[17]雖然經過心笛的整理，
把其中白馬社的詩人作品選入2004出版的《紐約樓客：白馬
社新詩選》[18]，但是周老師的《海外新詩鈔》仍然沒有出版，
五四白話新詩革命史仍然缺少重要的一章，因此中國的白話

16　心笛〈後記〉《紐約樓客：白馬社新詩選》，（臺北：漢藝，2004
　　年），頁399-400。
17　見王潤華等編《創作與回憶：周策縱七十五壽慶集》（香港：中
　　文大學出版社，1993），頁117。
18　心笛、周策縱編《紐約樓客：白馬社新詩選》，（臺北：漢藝，
　　2004年）。

文學史，至今仍然是不完整的。

顧獻樑和唐德剛是白馬社的創始人，前者很早就去了臺灣，後者的《胡適雜憶》一書的第五章，作過較詳細的說明：

> 先生當年在紐約閱報評詩之餘，他也時常向我說：「你們在紐約也是中國新文學在海外的第三個中心。」另外兩個「中心」據他說便是臺北和香港。他所以說這句話的緣故，就是因為五十年代裏中國知識份子在紐約也曾組織過一兩個文藝團體。胡適之對我們這種小文藝組織真是鍾愛備至，而他老人家自己也就自然而然地變成這些小團體的當然指導員和贊助人了。[19]

周策縱教授，除了對林語堂（1895-1976）與胡適給予白馬社的支持，感到感激，他認為顧獻樑也很重要。他在 2003 年為《白馬社新詩選》寫序時，有一段簡要的回憶：[20]

> 在二十世紀五十年代初期，約於 1954 年，一批在美國紐約市的中國留學生，自動的組織了一個「白馬文藝社」，「白馬」二字，由顧獻樑建議，取玄奘白馬取經之意；「文藝社」三字則由唐德剛提議加上，以免誤會作別的社團。雖然一年以前由林語堂先生出資支持了一個《天風月刊》，由林先生次女公子太乙主編，旅美中國留學生也有許多人參加投稿，不到一年，因林先生去新加坡主持南洋大學，《天風》停辦。事實上，「白馬社」可說是第二次世界大戰後，中國留美

---

19 唐德剛〈「新詩老祖宗」與「第三文藝中心」〉《胡適雜憶》（臺北：遠流 2005 年），頁 135。
20 《紐約樓客：白馬社新詩選》，頁 3。

　　學生自動組織的第一個文藝社團。社團裏新舊詩人、小說家、藝術家、學者，都出了不少。當時，這些留學生還是無名小卒，可是胡適先生在紐約卻很重視他們，說「白馬社是中國的第三文藝中心」，就是在中國和台灣之外的第三個中心。

　　「白馬社」詩人真不少，有胡適（1891-1962）、顧獻樑（1914-1979）、唐德剛、周策縱、黃伯飛、艾山（林振述）、李經（盧飛白）、心笛（浦麗琳）、黃克孫、何靈琰等。詩人之外，還有吳訥孫（鹿橋，1919 年-2002），他的名作《未秧歌》就是在白馬社時期寫的，周文中也因爲白馬社而搞起音樂，成爲作曲家，蔡寶瑜很年輕就成爲美國頂尖陶塑界人物。但以詩歌最爲熱鬧，其作品的多樣化形成一個詩壇。胡適喜歡的新詩都是純情的抒情短詩，如心笛的這樣的玲瓏秀麗的作品〈喜遇〉。1956 年前後的臺灣詩壇，在反共文學主導下，現代詩還不成熟，這樣高水準的純詩也不多見，怪不得胡適認爲白馬社不但是中國和台灣之外的第三個文學中心，更是代表「今後中國新詩的燦爛前途」的作品。艾山的《魚兒草》是一首非常現代主義的好詩，收集於 1956 年出版的《暗草集》，至於其它的艾山、李經、心笛，在五十年代已寫出相當現代主義的詩歌，可說早已走在臺灣現代主義詩壇的前面，這是急待研究的被忽略的中國詩歌發展史的一章。

　　從詩的本質來說，李經的詩最超越，可說是現代詩的登峰造極，可惜他創作嚴肅，作品不多。我有幸在 1968 至 69 年間在威斯康辛大學曾上過李經（盧飛白）老師的中國現代文學與艾略特兩門課，常向他請教，發現他的現代主義的詩

與臺灣當時最好的詩作比較，有過之而無不及。他是美國芝加哥批評家 R.S. Crane, Elber Olson, George Williamson 和 Richard Mckeon 的高足，成爲芝加哥批評家其中一位成員，他的艾略特研究，驚動美國學界。非常可惜《白馬社新詩選》中只有李經老師的三首詩，但都是極品[21]，如〈葉荻柏斯的山道〉（第五曲，雞唱之前），是一首跨文化的長詩，意象、詩的結構、智性與感性都有中國舊詩與艾略特現代派詩歌的傳統。[22]下面這首紀念他與艾略特在倫敦見面的長詩的一段，可見其功力：[23]

> 他清瘦的臉蒼白如殉道的先知，
>
> 他微弓的背駝著智慧，
>
> 他從容得變成遲滯的言辭，
>
> 還帶著濃厚的波斯頓土味，
>
> 他的沉默是交響樂的突然中輟，
>
> 負載著奔騰的前奏和尾聲——
>
> 他的沉默是思想的化身，
>
> 他的聲音是過去和未來的合匯。

---

21 1972 年逝世後，我曾編輯他的詩文集，詩 25 首，單篇論文 13 篇，寄到臺北出版，後來稿件被出版社遺失。周教授的序文發表於《傳記文學》22 卷 4 期（1973 年 4 月）。我有兩篇論文紀念盧飛白老師，本是附錄遺失的詩文集裏，見〈盧飛白（李經）先生的文學觀及批評理論〉、〈美國學術界對盧飛白的艾略特詩論之評論〉，收入我的《中西文學關係研究》（臺北：東大圖書，1987 年），頁 246-268；269-275。我近兩年重新編輯《盧飛白詩文集》，定 2010 年初由台北文史哲出版社出版。

22 《白馬社新詩選》，頁 243-244。

23 李經〈倫敦市上訪艾略特〉《文學雜誌》4 卷 6 期（1958 年 8 月），頁 8-9。

四、《胡說草：周策縱新詩全集》：
五四詩史建構的一個有機部分

　　周策縱寫詩的動機與目的是爲延續發展五四的文學革命，而他的詩是要企圖建構中國新詩的詩史，尤其五〇年代因政治而中斷延續的部分，他一生不同時期作品，很具體的反映中文詩的藝術形式、文化內涵、題材各個層面的變化。所以我很早便期待他的新詩全集的出版。

　　我在 2006 年 9 月 19 日收到周師母吳南華醫生從陌地生（Madison）寄來一個大包裹，打開一看，原來是等待很久的周策縱老師新詩全集。周師母在信中說：

> 策縱的詩稿終於整理好了。現在給你一份，是經過兩個人幫忙和最後我用了許多深夜的時間，才把策縱那一堆堆的亂紙排成稍有次序的詩稿。以後一切都要請你幫忙了。

接着師母順便報告罹患失憶症的老師健康情況：

> 策縱近來還好，食量比三星期前好得多。他喜歡我弟妹做的菜。他每天走一小段路，看傳記文學和他自己寫的文章和詩。

　　師母的信是六月九日寫的。師母與女兒琴霓這次回返陌地生是搬家，從此就定居在加州舊金山北邊的阿巴尼（Albany）了。這次原本周老師要一起回去搬家，但由於他的健康體力突然惡化，便沒有回去，留在加州由師母的弟妹照顧。

　　周老師十多年來，多次跟我討論整理與出版詩集的計

劃，希望把舊詩詞、新詩以及他和美國白馬社的詩人群的作品進行出版。在 2007 年 5 月 7 日逝世前，雖然嚴重失憶，還是如師母所見，每天愛看自己的文章與詩作，可見他對詩與學術，一樣重視，都是他生命中追求的終極目標。老師 1948 年離開中國前往美國留學以後，新舊詩的創作從不間斷，他在 1961 出版過新詩集《海燕》[24]以後，就沒有出版過專集，雖然中間自己書寫與印製《梅花詩》與《白玉詞》。[25]八十歲以後，他開始很緊張，因為他長期以來想出版的詩集，沒有一本付諸實現。在他往生前，幸好《白馬社新詩選：紐約樓客》於 2004 年出版[26]，《周策縱舊詩存》也於 2006 年出版。[27]而他的新詩集《胡說草：周策縱新詩全集》終於在 2008 年出版了。[28]

　　《胡說草：周策縱新詩全集》共分三部分。第一集原是周老師自己生前編好的《胡說草》，存稿照年代先後排列，最早的詩，寫於離開中國前的 1930 年的〈竹〉，最後的寫於 2003 年。但是師母整理他的手稿資料時，發現很多還沒有收入詩作，當時老師的病已很嚴重，不但不能思考記憶，也語言不清，不知老師的《胡說草》，是故意作為《海燕》以後

24　周策縱《海燕》（香港：自求出版社，1961 年）。

25　《梅花詩》（自藏版，中學時代作）（自印本，1991 年）；《白玉詞》（自印本，1991 年）。

26　心笛、周策縱編《紐約樓客：白馬社新詩選》（臺北：漢藝，2004）。

27　陳致編《周策縱舊詩存》（香港：香港浸會大學中文系策劃，匯智出版，2006）。

28　王潤華、周策縱、吳南華（編）《胡說草：周策縱新詩全集》（臺北：文史哲出版社，2008）。

的詩選集還是遺漏？我想是遺漏，因此我將凡沒有收入《胡說草》的另行編爲一集，成爲全集的第二集，其中有 1961年到 2002 年的作品。《海燕》出版於 1961 年，早已絕版，不要說個人，圖書館有收藏的也不多，因此最後我決定將完整的將《海燕》收入本詩集，成爲第三部分。雖然還有所遺漏，這是老師的新詩全集。有了它，就可以對老師的詩歌有系統、深入的研究了。

　　這本全集中共有五首詩寫於流放美國之前。最早寫於1930 年的〈竹〉，那時才十四歲，最後一首〈天山〉創作於1945 年，二十四歲。〈竹〉的選題雖然傳統，一開始的兩句，呈現了中華文化特有魅力的水墨畫想像空間：[29]

　　　巨筆揮灑向天空

　　　畫一幅潑墨雲霧

　　結束時以土地之筆爭着把漢字寫在藍天上，留下很多中國的書法與文學藝術的想像空間：

　　　忽然，忽然，泥地上

　　　無數纖纖的筆尖也上伸　　上伸

　　　都爭先要寫向藍天

　　〈天山〉（1945）這首如果不知作者與發表的時代，你會以爲是發表在七〇年代的臺灣《創世紀》試刊。他以圖像詩呈現：[30]

　　　我對天山

　　　天

29　《胡說草》，頁 41。
30　《胡說草》，頁 48。

　　山

　　我

　　我在上面說過，《胡說草》可分成三個時代，1930 到 1948
年赴美之前的詩，1949 至 1959 年收集予《海燕》的詩，還
有 1960 年代到作者逝世的棄園時期。第一集詩代表的意義
很大，說明當時很多離開大陸的詩人，如白馬社的周策縱、
李經、艾山，直接的將各種形式的新詩，帶到海外。周策縱
繼承的新詩比較複雜，他的風格不穩定，各種詩體，自由詩、
格律詩，現代詩都有嘗試，他的特點還是以五四傳統至四〇
年代的現代初期風格的詩為主，就如《海燕》（1949-1959）
所代表，這些作品，如果仔細的分析，都可以找到新詩發展
史上如、劉半農、郭沫若所寫的白話、自由與抒情詩，像〈遊
興〉（1955）與〈無題〉（1959）[31]，則超越二、三十年代的
婉約抒情白話詩，下面是〈無題〉短詩，表現的意境有深遠
的意味：

　　　　黃昏時我打從

　　　　開滿梨花的院子前經過，

　　　　一扇朱紅的窗扉突然推開了，

　　　　露出一瓣婉麗的臉來，

　　　　一聲急促而清脆的銀鈴

　　　　叫著一個名字 ——

　　　　我向四週遠近一望，

　　　　都不見一絲人影。

---

31 《胡說草》，頁 257，328。

　　像聞一多、徐志摩的格律詩，他也很擅長，如〈車後〉、
〈街樹〉、〈我在大西洋裏洗腳〉，下面是〈車後〉寫美國黑人
歧視的情景：

> 你是長住在車子的後頭麼？
>
> 不，不，
>
> 我工作時老在前面，
>
> 我是拉車的牲口，
>
> 開路的火車頭。
>
> 但你為什麼老坐在後面呢？
>
> 啊，你看反了，
>
> 我坐的是最前頭呀，
>
> 這車子不是在倒退
>
> 和反動麼？

〈我在大西洋裏洗腳〉（1959）是一首很典範性的格律
詩，有聞一多、徐志摩的韻律與社會思考文化內涵：[32]

> 我在大西洋裏洗腳
>
> 滿天的星斗浮起泡沫
>
> 這裏該有我故鄉的江水
>
> 水上卻沒有往日的漁歌
>
> 我冒著狂風奔向大海
>
> 潮水像雪花對我飛來

32　《胡說草》，頁 331。

這四週全沒有人的聲影
只我的脈搏和海潮澎湃

我背後雖然是燈火輝煌
卻要去追求暗淡的星光
讓海風吹去我溫暖的喘息
飄散到那邊的人們的心上

這沙灘上佈滿了無數的腳印
像墓碑上鐫刻著不朽的碑文
我獨自徘徊在這水邊憑弔
踩亂了許多含蓄的風痕

戴望舒、卞之琳的現代派詩歌，馮至、李金髮爲代表的象徵派的文字藝術表現與社會孤離感，在〈月亮娃娃〉、〈照相機〉、〈街樹〉[33] 及其他收入《海燕》的詩，都有所繼承與再試驗，同時他放逐美國及邊遠生活經驗，也改變現中文現代詩的藝術與主題現狀，不再只是沉迷於中國苦難的思考，意象派與現代派的實質處處可感受到，如下面這首〈街樹〉令人想起艾略特的詩中殘酷荒謬的社會現實：

街旁站著一株榆樹，
像久經訓練的老兵，
滿身帶著傷痕，
和同伴們整齊地排成行列。

33　《胡說草》，頁 315-316；頁 323；頁 327。

文明的人類

砍去了牠一些不馴的肢體，

用從岩石出身的鐵絲束縛著牠，

在牠身邊竪著一根枯骨似的電線桿，

像是要給牠一個榜樣或威脅。

牠的腳跟

卻把周圍緊困住牠的水門汀

都拱裂開了，

爆發出不平的憤怒。

我挨近牠身邊時，

還聞到了牠粗獷的山林氣；

我輕輕拂拭掉牠腰間的灰塵，

看見牠蒼黑的皮膚上

還黏著一片嫩綠的蘚苔；

我髣髴看到了牠童年時

茁生在風雨飄飄的曠野裏

那秀拔不羈的姿態呢！

　　從上面的幾首詩，可見離開宏大敍述，轉向平凡瑣屑的日常性細節。就如西方現代主義，轉向後現代主義，其中一重大變化乃是對日常性的發現，無論在語言或者題材上，波德萊爾被稱爲「大街上的現代主義者」（Berman 1986: 100），他對現代都市中的庸常人物的描繪，以及日常生活中病態、醜陋、粗鄙、神秘、恐怖事物的興趣，開啓一代詩風。[34]

34 Berman, Marshall. *All That is Solid Melting into Air: The Experience of Modernity*（London: Verso，1986），p.100 .

　　如果加上時間跨越半個世紀的棄園時期的詩，我們又看見從三、四〇年大陸現代主義詩歌[35]，又跟臺灣的現代主義結合，成爲又一種的現代詩與後現代詩。[36]我認爲棄園時期的作品是他的代表作，意義特別重大，因此成爲本文探討的最重要焦點。它們不但代表五四詩歌形式的演變，從不中斷。另外又呈現了從新移民的文化失落到離散華人族群、文化流變的種種複雜問題。這是杜維明所說的「文化中國」的中文詩歌。所以我說《胡說集》的詩是一部最完整的中國新詩史的縮影。從文學研究會詩人群、詩湖畔四詩人、創造社詩人群、新月社（前期）詩人群、代現代派詩人，甚至後現代詩人的作品，幾乎都可以找到典範性的作品。

　　由於他大膽的試驗、詩不斷的轉型，試讀下面寫於一九九二的〈讀書〉，那裏像從五四走過來的詩人寫的詩：[37]

　　　　他躺在床上讀書
　　　　從甲骨文直讀到草書
　　　　把頭髮越讀越白了
　　　　他用手去摸一摸西施的笑
　　　　她噗哧一聲發嗔說
　　　　你當初為什麼不呢

---

35 關於中國現代詩的發展，參考張松建〈「新詩現代化的尋求」：中國四〇年代現代義詩學的研究〉《漢學研究》第 26 卷 4 期（2008 年 12 月），頁 35-52，張松建《現代詩的再出發》（北京：北京大學，2009）。
36 周策縱教授自從王潤華、淡瑩、羅智成，瘂弦、高信疆等人到位斯康幸大學跟他讀書。便與臺灣詩人保持密切聯絡，他的很多詩都註明在臺灣刊物發表，《胡說草》都保留這些文學關係。
37 《白馬社新詩選》，頁 198-199；《胡說集》頁 155。

　　他臉也紅了

　　頭髮也黑了

　　一頁又一頁　有人待在誰的黃金屋裡

　　只聽見咯咯的笑聲

　　再翻下去

　　是一陣哭泣

　　他趕快把書關了

　　可是頭髮越白越讀呢

　　就如洛夫所指出，通過「一陣調侃，一種深沈的反思，
處理手法頗有「後現代」的趣昧。」[38]余光中對周策縱的〈海
峽〉（1996）這首詩讀了竟敬佩不已，因爲「意象逼人」、
他還說「匠心獨造，老來得詩而有句如此，可佩也。」請讀
這首詩：[39]

　　當然都是可以載船或翻船的水

　　不料從這邊或那邊望去

　　卻總有點兒水土不服

　　波濤上晚霞拖一條血紅的繩

　　不知會牽出喜事還是喪事

　　總比在別人屋簷下還好些罷

38　《白馬社新詩選》，頁 224。
39　《胡說集》，頁 158；《白馬社新詩選》，頁 226-227。此詩發表
　　於 1996 年 5 月 25 日的《聯合報》副刊，後收集於余光中、蕭
　　蕭等編《八十五年詩選》（臺北：現代詩季刊社，1997 年），頁
　　31。有余光中的小評。

　　這水，有些人是親自渡過的

　　有些人是父母親渡過的

　　當然也有些遠祖父母……

　　這樣就能造成海峽麼

　　反正水沒記性

　　魚又不是太史公

　　然而，回頭就是兩岸

　　難道該讓人比魚還滑頭嗎

余光中指出：

> 海峽兩岸原是同民族，只有先來後到之別，無人種、
> 文化之分。所謂「水土不服」，只半世紀的政治所造
> 成。作者引用「水可載舟，亦可覆舟」之意，更益以
> 喜事或喪事之變，來勸喻兩岸之人，用心很深。紅繩
> 原可牽出喜產，紅的繩就未必了。這血紅的繩偏是晚
> 霞所牽，意象逼人，匠心獨造，老來得詩而有句如此，
> 可佩也。篇末以水與魚來與人比，指出人而忘本，將
> 不如魚，又闢出一境。
>
> 此詩風格清俊，深入淺出，饒有知性，可以上追馮至、
> 卞之琳、辛笛。所謂十四行，全無押韻，句法也不齊，
> 甚至段式都呈「倒義大利體」，前六後八，另成一格。[40]

　　余光中所說「可以上追馮至、卞之琳、辛笛」極含深意，

---

40 同上。

因爲周策縱是一位敢於嘗試與試驗各種形式與內容的詩歌，由於他創作生命長久，在他一生所寫的新詩作品，幾乎可以輕易的找到代表各個詩派特色的詩，從胡適、康白情、徐志摩到聞一多、戴望舒、艾青到臺灣現代派及後現代的詩人。

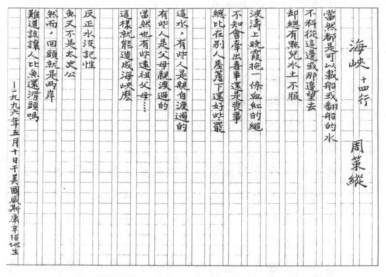

上圖：周策縱〈海峽〉（1996）手稿（王潤華存）。

五、棄園格律詩學：自由詩、不定形 的格律詩、及定形詩體的建構

周策縱在〈定形新詩體的提議〉（1962）說，棄園是「新詩實驗室」[41]，不斷的實驗新詩的有形的格律音韻。

---

41 周策縱〈定形新詩體的提議〉《周策縱自選集》（濟南：山東教育出版社，2005），頁 320。第一次發表於《海外論壇》3 卷 9 期（1962 年 9 月）。

　　周策縱自己寫詩，帶有反映詩歌發展歷史的使命。他除了以各種詩歌創作來示範與實踐，如上所述，他也以一系列的論文，來建構多種有形或定形新詩體的理論。在《棄園文粹》裏就有〈新詩格律問題〉、〈中國新詩的三種現象〉、〈定形詩體五要點〉重要論文探討其可能性。[42]他始終認爲除了自由新詩，格律詩，或是他所稱呼的「定形現代詩體」是需要的，詩人們缺少大膽的創作實驗。他的《定形新詩體的提議》是這方面重要的理論。周教授認爲過去幾十年詩人建立的格律，只是建行、建韻，注意行內的節奏和行間押韻，而沒有創造出一種個別獨立的新詩體或詩調。這種詩，他叫做「複雜的定形詩」。像徐志摩的〈海韻〉每節九行，各節的句法和押韻都有固定的方式，可是這一完整的題裁，除了這首詩，就沒有在別的詩裏應用過。所以這不能算獨立整體而普遍使用的定向實體或詩調。1917 年五四新運動以來，爲衆人重復使用的定形詩體，都不是新創，而是模仿或因襲西洋已有的定行詩體或民歌、舊詩詞體而成，如十四行詩（商賴體，sonnet），素詩（blank verse）。他又指出，用定形重複製作的中國詩人，有陸志韋，在其 1923 年出版的《渡河集》中，用英詩的輕重音，建立有韻律的自由詩，聞一多 1928 年出版的《死水》也有重復使用的詩體，但都是模仿西洋詩而成。

　　周教授由於對古代音韻尤其古典詩詞有深入研究，同時又擅長詩詞，對五四新詩的形式與格律的發展瞭解透徹，他

42　周策縱《棄園文粹》（上海：上海文藝，1997），頁 145-154。這
　　幾篇論文都是根據〈定形新詩體的提議〉刪減而成。

明白中文新詩的形式一定走向三大方向，即自由詩、不定形的格律詩、及定形詩體的格律詩。[43]他明白「必須有了格律詩，才會有詩的格律，格律決不能憑空造出來。律詩往往是從詩人實際的詩藝發展成功能夠的。」[44]由於定形詩體的格律詩至今很少詩人敢於嘗試新詩模式的建立，他很自己很努力的去創作一些模範詩作。《胡說草》裏，就是他的試驗樣品，成爲最好的示範樣式，樣樣齊全。1961 年他嘗試好幾首同調的詩〈太空人〉、〈葉影〉、〈憶黃梅雨〉、〈噴射飛機〉、〈年紀〉及〈往回〉都是用「定形詩體的格律」寫的現代詩，試看〈太空人〉：[45]

> 失去　重心　也沒有　塵慮
>
> 靈機　像星一樣　多
>
> 夢行者　騎上　夢想
>
> 泡沫　撞破　泡沫
>
> 遊魂般　向天頂　降落
>
> 為了　永遠的　追求
>
> 可充滿　空虛感
>
> 月光　不是伴

再讀〈年紀〉：

> 咳咳，只有墳墓裏沒有
>
> 讓我翻個身的分。
>
> 慢慢地吹到一陣

43　《棄園文粹》，頁 154。
44　《周策縱自選集》，頁 327。
45　《胡說草》，頁 59-64。

　　微風，帶些霜花，

　　　我不覺怎麼樣來了——

　　挨過紅色的笑聲，

　　　紫色的刺心痛，

　　　　呆在折磨裏。

　　這幾首小詩，每一首除了意義深遠、文字藝術的奧妙，讀來都韻味無窮，主要這樣的詩據有音樂性。每一首詩，都用同一個詩體創作，這個詩體叫「太空體」或「五三體」，每首共八行詩，第一節五行、第三節三行，傳統詩的押韻與平仄都用上，如果不用平仄的字用 0，平聲用一仄聲用 ㄥ，刮符內的字代表可平仄變通，豎綫（｜）分開音組：

　　0ㄥ｜0—｜00（ㄥ）｜0ㄥ

　　　0—｜000（ㄥ）｜—

　　00（ㄥ）｜0—（ㄥ）｜0ㄥ

　　　0ㄥ｜0（ㄥ）｜0ㄥ

00（—）｜00ㄥ｜0ㄥ

0（ㄥ）｜00（ㄥ）｜0ㄥ—

00（ㄥ）｜00ㄥ

0—｜00ㄥ [46]

　　周教授把自己寫詩的愛好，也給予研究的功能與精神，他說這是：「新詩實驗室。」他的「太空詩」定體詩，是根據七十多位中國新詩人的作品裏選出的結構類似損詩句，一

---

[46]　〈定形新詩體的提議〉《周策縱自選集》，頁 337。

千多行，加以比較，然後才確定這些行式。這種簡短的定形詩容易被傳誦。嚴格的格律，最大好處，不易流予平鋪直敍，省去多餘的話，有讀者用想像去補充，產生朦朧感。因此定形格律可以使作者用最精煉的語言、表達最多的情緒、感覺和想像。

　　周策縱教授堅持建構有形無形的新詩體，這不是復古的思維，而是現代詩學的呈現：詩是一種精微複雜的藝術形式和經驗再現，人類心智之曲折深微和藝術的創造。有了詩體，更精萃、更細膩的語言才容易創造。周教授大力提倡與實踐格律詩是 1960 年代，正好是繼承中國大陸 1949 年以前的新詩歌格律的傳統[47]，即大陸以外 1950 年代的發展。1949 年以後，林以亮（宋淇）在香港還是堅持現代格律詩的建立，他的〈論新詩的形式〉（1953）及〈再論新詩的形式〉（1953）恐怕是代表 1941 年後最重要的建議。他以吳興華（梁文星）的現代格律詩的實踐作品為基礎，強調中國新詩根本忽略了中國文字的特殊性質，構造和音樂性，因此新詩最為人的詬病是沒有固定的形式，而成自由詩。好的詩人往往能賦予流動的語言以一個完美和固定的形體。他堅持定形詩學的理論與周策縱的非常相似：

> 當一個詩人純熟之後，他的思想湧起時，常常會自己路在一個恰當的形式裏……許多寫自由詩的人忘了中國古時的律詩和詞是規律最嚴謹的詩體，而結果中國完美的抒情詩的產量還無疑問比任何別的國家都多。

---

47 代表作可見於鄒絳《中國現代格律詩選》（重慶：重慶出版社，1985）。其代序與有關現代格律詩的論述的論文目錄，頁 1-31。

非得有了規律，我們才能欣賞克服規律的能力；非得
有了拘束，我們才能瞭解在拘束之內可能的各種巧妙
變化。[48] 林以亮所以堅持，是因爲他的朋友吳興華從
中國傳統詩形式提煉蛻化出的「絕句」（七絕）與「古
詩」（五古）的現代詩，跳出古人的思考方式，走向
新的境界，非常創新，他認爲吳興華的詩是現代詩的
傑作。[49]

　　林以亮與周教授對詩的形體很多相似的看法。除了從舊
詩獲益，也應該像西洋詩學習形式。所以他在〈再論新詩的
形式〉中，肯定新月派對中國文字的「建築性」，但沒有流
動的音節，比較肯定徐志摩〈翡冷翠的一夜〉、聞一多〈李
白之死〉從西洋抑揚格無韻五拍詩（blank verse）移植過來
的形式，但不成熟。林以亮還是以吳興華的〈西施〉作爲無
韻五拍詩成功的移植。此外抑揚格五拍偶句（heroic couplet）
十四行詩等等形體的嘗試都給與肯定。[50]

六、棄園的邊緣詩學：邊緣性思考的位置、反抗的場所、大膽想像的空間

　　棄園是置身邊緣永遠處在漂移狀態中，他們即拒絕認同
新環境，又沒有完全與舊的切斷開，尷尬的困擾在半參與半
遊移狀態中。他們一方面懷舊傷感，另一方面又善於應變或

48　林以亮〈論新詩的形式〉及〈再論新詩的形式〉《林以亮詩話》
　　（臺北：洪範書店，1976）。
49　林以亮〈論新詩的形式〉及〈再論新詩的形式〉這兩篇論文便
　　是分析吳興華的代表作。
50　林以亮〈再論新詩的形式〉《林以亮詩話》，頁 17-31。

成爲被放逐的人。遊移于局內人與局外人之間，他們焦慮不安、孤獨、四處探索，無所置身。[51]閱讀周策縱的舊詩全集《周策縱舊詩存》[52]，與新詩全集《胡說草》的詩作，都是邊緣的文學產品。

　　我上面引用過的詩如〈讀書〉，以後現代的調侃的語調、深沉的反思寫甲骨文字產生的中國文化藝術，「從甲骨文直讀到草書，把頭髮越讀越白了」：

　　　　再翻下去

　　　　是一陣哭泣

　　　　他趕快把書關了

　　這種流亡與邊緣的作家，就像漂泊不定的旅人或客人，愛感受新奇的，從邊緣看世界，不但不把問題孤立起來看，他有雙重的透視力（double perspective）。每種出現在新國家的景物，都會引起故國同樣景物的思考。因此任何思想與經驗都會用另一套來平衡思考，使得新舊的都用另一種全新，難以意料的眼光來審視。流亡作家/知識份子喜歡反語諷刺、懷疑、幽默有趣。[53]上引〈海峽〉（1996），語言與意象之超越，思維之魔幻，絕非海峽兩岸的寫實或種族主義詩人所能擁有。他先寫：

51　Edward Said," Intellectual Exile: Expatriates and Marginals ,"in Russell Ferguson and others。（Eds），*Out There: Marginalisation and Contemporary Cultures*（Cambridge, MA: MIT Press, 1990）. pp. 378-379.

52　《周策縱舊詩存》（香港：匯智出版社，2006）。

53　Edward Said, "Intellectual Exile: Expatriates and Marginals," *The Edward Said Reader*. eds. Moustafa Bayoumi and Andrew Rubin（New York: Vintage Books, 2000），p.371.

> 當然都是可以載船或翻船的水
>
> 不料從這邊或那邊望去
>
> 卻總有點兒水土不服

然後再問：

> 這水，有些人是親自渡過的
>
> 有些人是父母親渡過的
>
> 當然也有些遠祖父母……

　　這樣就能造成海峽的邊緣性，是指思想的位置、反抗的場所、大膽想像的空間。邊緣不是失望、被剝奪的符號，邊緣不是一種喪失、被剝奪的場所（site of deprivation），而是反抗的場所（site of resistance），這種邊緣性提供一個空間創造與霸權對抗的話語，產生前衛性的視野，這樣才能看見、創造、幻想另一類不同的新世界。[54]就因爲如此，作爲學者，他的學術研究《五四運動史》，在解讀五四運動時，洞見過渡時代的人的思想、感情和行爲變動快速而突兀，超越政治黨派的立場和人生觀，他指出五四運動的複雜性，確定爲知識分子所領導的，對傳統重新估價以創造一種新的文化。五四運動提倡理智和知識，是現代知識經濟的趨勢。這是他的前衛性的視野，這才能看見‧解讀出另一類不同的、新世界。一夜之間，成爲國際五四權威，但是卻不爲有政治黨派的勢力所接受。這種邊緣性提供一個空間創造與霸權對抗的話語，產生前衛性的視野。試讀這首〈象徵主義和客觀主義：

---

54 "Marginality as Site of resistance", in Russell Ferguson, ct at（eds）, *Out There: Marginalisation and Contemporary Cultures*, pp. 342-241.

新商籟〉（1987），「回音在石壁上蓋了箇印，石壁也把回音蓋了箇印，」考古學家用碳素發掘出女兒在父親老皺的臉留下的吻：[55]這是新感覺的綜合的一首傑作：

> 回音在石壁上
>
> 蓋了箇印，
>
> 石壁也把
>
> 回音蓋了箇印。
>
> 是風蕭易水的歌聲
>
> 還是田橫的大墓碑
>
> 留下了指紋呢？

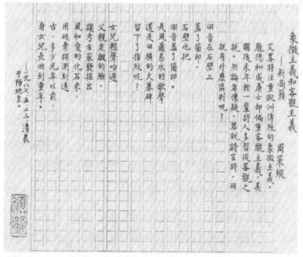

上圖：〈象徵主義和客觀主義 —— 新商籟〉手稿
　　　（1987）（王潤華存）。

> 女兒輕聲吻過
>
> 父親老皺的臉，
>
> 讓考古家發掘出
>
> 風和愛的化石來，
>
> 用碳素探測到遠
>
> 古，多少光年以前，
>
> 看女兒長回到童年。

　　他以前衛性的視野，所看見、創造、幻想另一類不同的新世界，同時很魔幻的意象，這些都是棄園的新詩學的爆炸性的創造。周教授不怕格律，連他的舊詩都有這種爆炸力的創造性，如〈種樹〉（1985）：[56]

> 園中種樹種風雲，
>
> 伴我無眠伴憶君。

〈移家〉四首（1965）其一：

> 中北多天地，長林一望虛。
>
> 移家小山下，冰雪是鄰居。

〈風雪〉（1978）：

> 滿城都睡我猶醒，頓覺江山到戶庭。
>
> 無月無星唯有雪，迴風白雪兩堪聽。

〈加減〉（1984）：

> 莫嘆人間知己少，只因地下友增多；
>
> 算珠上下成加減，畢竟無歸盡渡河。

　　可見他的詩能夠從敏銳的感覺出發，在日常的境界裏體

56　《周策縱舊詩存》，根據引述先後，頁 246；109；231。

味出精微的哲理的詩人。在日常生命本體和都市風華的繁複思考，拓展現代詩新題材與領域之極限。

七、棄園新詩（史）學：從五四到文化中國、從新詩到後現代詩

　　周策縱的五四運動權威性的論述，建立在好幾項客觀的史實：首先他以細密的分析，精密的歷史眼光，洞見五四運動是一項多面性的社會政治事件，然後以客觀的歷史事實與態度去描述和研究。由於五四運動本身的複雜性，和後來各黨各派的不同解釋，更使親身參與者，所見者、所聞者、所傳聞者，前後的回憶往往自相矛盾，或加油加醋，畸輕畸重，會無中生有，抹黑抹紅。所以他大量採用當時的報刊的記載和個人的「當下」的回憶，對後來的説法和解釋，不得不審慎懷疑，透過這些原始資料，讓當時的人和事，自己替自己説話。所以周策縱教授從 1915 到 1923 年間的報刊，直接間接，檢閱過六七百種，得出的結論：五四是知識分子所主導的，是一項多面性的社會政治文化思想的啓蒙運動，大前提是對傳統重新估價以創新一種新文化，而這種工作須從思想知識上改革著手，用理智來説服，用邏輯推論來代替盲目的倫理教條，破壞偶像。解放個性，發展獨立思考，以開創合理的未來社會。五四思潮不是反傳統主義，而是革新知識，拋棄舊的不好的傳統。因爲它提倡理智和知識，現在五四精神仍然重要，因爲它引導中國走向未來的知識時代。他斷定五四運動時期爲 1919 到 1923 年，因爲 1924 年以後，中國兩大政黨受了蘇聯的影響，吸引知識分子革命，拋棄五四早期

思想文化革新的理想和作風，他認爲那是扭曲了五四精神。[57]

　　五四的精神主軸，爲知識分子選擇以思想文化革新作爲救國的途徑。所以到了二十一世紀，五四運動還有無比的感召力。周教授一生的學術研究與文學創作就是建立在五四思想革新的理想上，比如研究《紅樓夢》，他就指出紅學的研究態度和方法要力求精密，就會對社會上一般思想和行動習慣：「也許還可由《紅樓夢》研究而影響其他學術思想界的風氣，甚至於中國社會政治的習慣」[58]，寫新詩，延續中國文字及其傳統詩歌形式與韻律的特點，都是他的五四精神的發揚、延續與創新。

　　杜維明在〈文化中國：邊緣中心論〉（Cultural China :The Periphery as the Center）、〈文化中國與儒家傳統〉、〈文化中國精神資源的開發〉諸文章中[59]，提出「文化中國」的概念，在《常青樹：今日改變中的華人》（*The Living Tree :The Changing Meaning of Being Chinese*）等其他文章觀察[60]，華

57　周策縱〈認知・評估・再充：《五四運動》中譯本再版自序〉《五四運動》上冊（香港：明報出版社，1995），頁 i-xii。

58　周策縱〈論紅樓夢的研究態度〉《紅樓夢案：棄園紅學論文集》（香港：中文大學出版社，2000），頁 10。

59　Tu Wei-ming, "Cultural China: The Periphery as the Center"in Tu Wei-ming, ed., *The Living Tree: The Changing Meaning of Being Chinese Today*, op. cit., pp.1-34; 杜維明〈文化中國與儒家傳統〉，《1995 年吳德耀文化講座》（新加坡：國大藝術中心，1996），頁 31；杜維明〈文化中國精神資源的開發〉，鄭文龍編《杜維明學術文化隨筆》（北京：中國青年出版社，1999），頁63-73。

60　特別參考 Tu Wei-ming,（ed）、*The Living Tree: The Changing Meaning of Being Chinese Today* 論文集中杜維明、王賡武、李歐梵、Myron Cohen 與 Vera Schwarcz 等人的論文。

人的意義不斷在改變中，中國以外邊緣地帶華人，建構了一個文化中國，同樣的，中國以外的華人及非華人，我所說的具有邊緣思考的華人，也建構了另一類華文文學。這類文學，就如文化中國，他超越語言、族群、宗教，而這種邊緣文學就是構成文化中國的一部分，爲文化中國創造新的精神資源。這種文學也成爲另一個華文文學中心，甚至散佈世界各地的華人世界，自己也成一個中心，比如新加坡華文文學或馬華文學，其作品即有中國文學傳統也有本土文學傳統。[61]當年胡適看見白馬社的文藝活動之熱烈，稱「白馬社是中國的第三文藝中心」就有種種文化流變的遠見。這種親身文學經驗，怪不得他提出多元文學中心/雙重文學傳統的理論。[62]正如我上面所論，周教授的新詩，不但延續了五四新詩的傳統，同時也創造了具有雙重文學傳統的作品。

　　編印《胡説集》的時候，我發現 1970 年代以後發表的詩，作者在複印稿上不但都一一註明著作日期，也補寫發表的日期與報刊，一般編輯都會刪掉，我都完全的保留，因爲這是極爲重要的考證文學流變的資料。這些證明他的詩學和世界各地，尤其臺灣現代詩學、東南亞的現代詩人，再加上西方現代詩學，保持同步對話的關系，這使到他的詩不斷轉型變化，與世界文化，特別是離散華人文化密切的連接起來，這就是棄園詩學，所以我稱爲最能代表中文現代詩學，同時也

61　王潤華《華文後殖民文學》（臺北：文史哲，2001）；王潤華《魚
　　尾獅、榴槤、鐵船與橡膠樹：新馬華人本土幻想/華語/文化/文
　　學的重構神話》（臺北：文史哲，2008）。
62　周策縱〈總評〉，《東南亞華文文學》（新加坡：作家協會與歌德
　　學院，1989），頁 359-362。

是新詩史學。

　　張松建在〈「新詩現代化的尋求」：中國四○年代現代
主義詩學的研究〉的文章中，歸納出中國新詩現代化的特徵，
包括題材領域轉向日常生活、抒情方式的新變，愈來愈多樣
化，遠離宏大敍述，帶有理想化的、有明確的道德意涵的主
題，走向平凡瑣屑的日常性，帶來新感覺新想像。把詩提升
成藝術經營的尋求。我們發現周策縱的詩學的很多面向也是
如此。[63]

63　張松建〈「新詩現代化的尋求」：中國四○年代現代主義詩學的
　　研究〉《漢學研究》第 26 卷 4 期（2008 年 12 月），頁 35-52；
　　又見張松建《現代詩的再出發》（北京：北京大學，2009）

第八章　《海外新詩鈔》：周策縱的「海外五四新詩學」

一、五四的權威論述

　　1954 年，周策縱老師（1916-2007）[1]在密芝根大學政治系，完成以《五四運動及其對中國社會政治發展的影響》（The May Fourth Movement and Its Influence upon China's Social-Political Development）為題的博士論文。[2]獲得博士學位後，費正清（John King Fairbank, 1907-1991）聘他到哈佛東亞問題研究中心，從事研究，其中重要的研究項目就是改寫他的五四論述的論文，當時共事的還有洪煨蓮（1893-1980）、楊聯陞（1914-1990）、費正清、海陶瑋（James

---

1 關於周策縱的生平與學術，見「周策縱教授紀念專輯」《中國文哲研究通訊》17 卷第 3 期（2007 年 9 月），頁 1-112；王潤華、何文匯、瘂弦編《創作與回憶：周策縱教授七十五壽慶集》（香港：中文大學出版社，1993）。

2 Chow Tse-tsung, "The May Fourth Movement and Its Influence upon China's Social-Political Development", Michigan, 1955, pp.861.（密芝根大學的亞洲學會博士論文庫檔案編號：DA15; 1644; UM12, 53）。見 Leonard Gordon and Frank Shulman（eds.）China p.68, 條目 750.

Hightower, 1916-1999）， 史華慈（Benjamin Schwartz, 1916-
1999）等，在這些中西學者的內識和外識的跨學科，與多元
文化思考的學術環境中，在傳統的西方漢學（Sinology）與
新起的中國研究（Chinese Studies）學術思潮中，他修改完
成了《五四運動史》（*The May Fourth Movement: Intellectual
Revolution in Modern China*）。1960 年由哈佛大學出版，至
今已再版了八次[3]，另外還有史丹佛大學出版社的平裝本，因
此奠定了其五四學的學術權威。

　　周策縱的五四運動權威性的論述，建立在好幾項客觀的
史實研究的方法上：首先，他以細密的分析，精密的歷史眼
光，洞見五四運動，是一項多面性的社會政治事件；然後以
客觀的歷史事實與態度去描述和研究。由於五四運動本身的
複雜性，和後來各黨各派的不同解釋，更使親身參與者，所
見者、所聞者、所傳聞者，前後的回憶往往自相矛盾，或加
油加醋，或無中生有，抹黑抹紅。所以他大量採用當時的報
刊的記載和個人的「當下」的回憶，對後來的說法和解釋，
不得不審慎懷疑，透過這些原始資料，讓當時的人和事，自
己替自己說話。周策縱教授曾從 1915 到 1923 年間的報刊中，

---

3 Chow Tse-tsung ,*The May Fourth Movement: Intellectual
　Revolution in Modern China*（Cambridge: Harvard University Press,
　1960）;平裝本由史丹佛大學出版社出版（Stanford University
　Press）,1967 出版；中文翻譯本有很多種，丁愛真、王潤華等譯
　《五四運動史》上冊（香港：明報出版社，1995）；楊墨夫編譯
　《五四運動史》（臺北：龍田，1984）；周子平等譯《五四運動：
　現代中國的思想革命》（南京：江蘇人民出版社，1999）。哈佛大
　學出版社 2009 年 4 月 22 日給本人的信說共印了八刷。平裝本的
　版次不詳。

直接間接，檢閱過六七百種。周教授研究《五四運動史》中所搜集到的資料，本身就提供與開拓後來的學者研究現代中國政治、社會、文化、文學的基礎。因此哈佛大學東亞研究中心也將其出版成資料集，書名爲《五四運動研究資料》（*Research Guide to the May Fourth Movement*）。[4]

他的五四論述所得出的結論爲國際學術界所重視：五四是知識分子所主導的，是一項多面性的社會政治文化思想的啓蒙運動，大前提是對傳統重新估價以創新新文化，而這種工作須從思想知識上改革著手，用理智來説服，用邏輯推論來代替盲目的倫理教條、破壞偶像、解放個性、發展獨立思考等，以開創合理的未來社會。五四思潮不是反傳統主義，而是革新知識，拋棄舊的不好的傳統。由於它抬高了理智和知識，使五四精神到現在仍有其重要性。因爲它引導中國走向未來的知識時代。他斷定五四運動時期爲 1919 到 1923 年，因爲 1924 年以後，中國兩大政黨受了蘇聯的影響，吸引知識分子革命，拋棄五四早期思想文化革新的理想和作風，他認爲那是扭曲了五四精神。[5] 他堅持的論點，至今仍爲國際學術界所重視。

二、《海外新詩鈔》與海外五四新詩學的建構

在 1960 年的《五四運動史》之前，周策縱教授就啓動了

---

4 Chow Tse-tsung , *Research Guide to the May Fourth Movement*（Cambridge, Mass. :Harvard University Press,1963）.
5 周策縱〈認知・評估・再充：《五四運動》中譯本再版自序〉《五四運動》上冊（香港：明報出版社，1995），頁 i-xii。

編輯《海外新詩鈔》的計劃[6]，他意圖將 1949 年以後五四新詩持續發展，維持原有精神。在當年，傳承與發展，只有在海外才較有相對的自由，因爲五四新詩到了臺灣或在大陸，都受到不同程度上的政治思想形態的控制，共產黨與國民黨的社會政治對抗運動與激情的影響，那已經不是五四原來的精神與傳統。他的五四運動的論述，對其意義與影響，也是如此小心排除非五四的因素。所以他強調並堅持 1919 至 1923 年期間的發展與事件才是真正的五四運動，之後便受到政黨政治與左右思想形態、利用及影響。[7]《海外新詩鈔》的新詩，包括各種自五四新文學運動以來發展的多種形式的新詩，如自由、抒情、格律、現代主義詩歌。而所謂海外，是指從中國大陸在 1949 年前後把新詩火種帶出去的中國詩人，地區以香港與美國爲主。那些土生土長，或後來落地生根在東南亞各地的詩人，不在這個特定的「海外新詩鈔」的意義以內，比如 1949 年前後很多詩人從大陸到了臺灣，如覃子豪（1912-1963）、鍾鼎文（1914-）、紀弦（1913-），他們已成爲臺灣新詩不可分割的詩歌傳統。

　　可惜老師生前還未編好與出版，自去年開始，我與心笛決定將它完成，計劃今年（2009）底由臺北的文史哲出版社出版。老師這部詩選的編輯，是建構五四新詩在 1950 年後在

---

6 心笛、周策縱合編《紐約樓客：白馬社新詩選》（臺北：漢藝，2004），見老師自己、唐德剛、心笛的序文、後記與附錄。1968、1969 年期間，老師拿出擱置很久的資料，請淡瑩繼續找資料，後來因爲她畢業離開去教書，計劃就停止了。

7 周策縱〈認知・評估・再充：《五四運動》中譯本再版自序〉《五四運動》，頁 i-xii。

海外持續的發展，繼承原本五四的精神與傳統。中國新詩發展到 1940 年代末，沒有因爲政治的變化，大陸與臺灣形成極左極右的對立的影響而中斷，仍有一批海外的知識分子詩人，把四〇年代的詩歌傳統帶到海外繼續發展。

　　所謂海外，最重要的版圖，以當時美國紐約的白馬社及其相關詩人群最具有代表性，在 1950 與 1960 年代最爲活躍。這些詩人都是知識分子，沒有明確的政治思想形態，他們出國前，已經開始寫新詩，到了海外，完全沒有政治思想意識的壓力，自由的嘗試與探索新詩的各種表現手法、形式與主題，創造多元化的中文詩歌，延伸了早年五四的精神與傳統的一個重要部分。當時紐約的刊物，就有白馬社自己出版的《生活半月刊》（1956）、《海外論壇》（1960-1962）及 1951 年林語堂（1895-1976）創辦的《天風月刊》（1951-1952），[8]由女兒林太乙及夫婿黎明主編。1954 年林語堂因爲應聘新加坡南洋大學校長的職務，全家離開紐約，刊物就停辦了。美國的報紙副刊如《少年中國晨報》（舊金山出版）也有新詩發表園地，像心笛（浦麗琳，1932-）在 1950 年代中期留學美國時，就常在上面以心聲爲筆名發表新

8　根據加州大學（Santa Barbara）東亞圖書館的彭松達先生的查詢結果：《海外論壇》World Forum 始於 1960 年 1 月，第 1 卷第 1 期終於 1962 年 10 月第 3 卷第 10 期（美國國會圖書館目錄）（哈佛燕京圖書館目錄）；《天風》 Tienfeng Monthly 始於 1952 年 4 月第 1 期終於 1953 年 1 月第 10 期（美國國會圖書館目錄）（哈佛燕京圖書館目錄）；《生活》或《生活雜誌半月刊》China Life 起訖年份不能確定，有說起於 1951（美國國會圖書館目錄），有說起於 1950（史丹福胡佛圖書館目錄），看來 1951 比較正確，可能停刊於 1956 年 9 月第 123 期（哈佛燕京圖書館目錄）。

詩。[9]這批詩人也經常在香港的刊物如《人生雜誌》發表詩作，或出版詩集，如黃伯飛（1914-2008）1957 年出版的《風沙集》與 1959 年出版的《天山集》，艾山（1912-1966）1956年的《暗草集》都是香港人生出版社所出版[10]，周策縱 1961年出版的《海燕》也是由香港求自出版社（友聯印刷）。[11]同時也有詩人如李經（盧飛白，1920-1972）的詩在《文學雜誌》、《自由中國》發表[12]，艾山的《埋沙集》、心笛的《心聲集》在臺灣出版。[13]

　　胡適（1891-1962）甚至稱白馬社為「白馬社是中國的第三文藝中心」。[14]顧獻樑（1914-1979）和唐德剛（1920-2009）等人是組織白馬社文藝社的發起人，前者提議用「白馬」，含有唐朝玄奘留學印度白馬取經之義，後者加上文藝是怕別人誤會其組織的目的，唐德剛說：

> 胡適之先生對我們這個「白馬社」發生了極大的興趣。
>
> 林先生去後，胡先生就變成我們唯一的前輩和導師

9　引起胡適的注意，並告訴心笛政治學家的父親浦薛鳳與母親陸佩玉，後由母親收集出版成她的第一本新詩集，見浦麗琳《心聲集》（臺北：自印本，1962），前有母親的序文。

10　黃伯飛《風沙集》（香港：人生出版社，1957）；《天山集》（香港：人生出版社，1959）；艾山《暗草集》（香港：人生出版社，1956）。

11　周策縱《海燕》（香港：求自出版社，1961）。該書由香港友聯出版社印刷及友聯書報發行。

12　王潤華編輯的《盧飛白選集》即將由台北文史哲出版，附有作品發表的刊物與年代。

13　艾山《埋沙集》（臺北：文星書店，1960）；心笛《心聲集》（臺北自印本，1962）。

14　唐德剛〈「新詩老祖宗」與「第三文藝中心」〉《胡適雜憶》（臺北：遠流 2005 年），頁 135。

了。他顯然是把他自己所愛護的小團體估計過高，因
而把它看成中國新文學在海外的「第三個中心」！
「白馬社」的組織，在範圍上說是比「天風社」擴大
了，因為它有「文」有「藝」。[15]

唐德剛對歷史與小說比較有興趣，他認為詩歌貢獻最
大，胡適看重白馬社也因為是詩。他的看法正確：

> 胡先生最喜歡讀新詩、談新詩、和批評新詩。而白馬
> 同仁竟是一字號的新詩起家。他們厚著臉皮彼此朗誦
> 各式各樣的新詩。這些白馬詩人中有稚態可掬的青年
> 女詩人心笛（浦麗琳）；有老氣橫秋的老革命艾山（林
> 振述）；有四平八穩「胡適之體」的黃伯飛；也有雄
> 偉深刻而俏皮的周策縱。……
>
> 在老胡適的仔細評閱之下，心笛的詩被選為新詩前途
> 的象徵，「白馬社」中第一流的傑作。作者是個二十
> 才出頭，廿四尚不足的青年女子。聰明、秀麗、恬靜、
> 含蓄。詩如其人，因而新詩老祖宗在她的詩裡充分地
> 看出今後中國新詩的燦爛前途。[16]

「白馬社」詩人雖然不多，但以其作品的多樣化，就是
一個詩壇。胡適喜歡的新詩都是純情的抒情短詩，如心笛的
這樣的玲瓏秀麗的作品〈喜遇〉（1956.8.27）：

> 比祥雲還要輕
>
> 喜悅

---

15 唐德剛〈新詩老祖宗與第三文藝中心〉《胡適雜憶》，頁
133-164。
16 唐德剛〈新詩老祖宗與第三文藝中心〉《胡適雜憶》，頁
143-146。

在靜極的田野上
起飛
似一束星星
撫過一架自鳴的琴

昨日下午
碰見你
清湖的眼睛
隱顯中
漾起霧幻詩
浪散出不知名的字[17]

一九五六年的臺灣詩壇，在反共文學主導下，注重藝術

上圖：心笛（浦麗琳）的詩集《心笛集》（1962）
和《摺夢》（1991）。

17 《紐約樓客：白馬社新詩選》，頁349。

的、個人感受的抒情／純詩能到這種境界的不多，是以胡適認爲，白馬社不但是中國和台灣之外的第三個文學中心，更有著「今後中國新詩的燦爛前途」的作品。

當時臺灣的現代詩還不成熟，像李經、艾山這樣高水準的現代詩也不多見。現代主義詩歌的代表艾山，非常傑出，敢試驗與創造現代詩，請讀艾山的〈魚兒草〉：

朋友對我講失戀的
故事我說譬如畫魚
明窗淨幾
腦海裡另植珊瑚樹
移我儲溫玉的手心
筆底下
掀起大海的尾巴
鱗甲輝耀日月
綴一顆眼珠子一聲歎息
添幾朵彩雲
借一份藍天的顏色嗎
夢與眼波與輕微唱的惜別
水是夠了
忘卻就忘卻罷
我卑微的園子內生或死
都為裝飾別人的喜悅[18]

這首具有現代主義的性質，收集於1956年出版的《暗草

18 《紐約樓客：白馬社新詩選》，頁24。

集》，由此可見白馬社的許多詩歌，尤其艾山、李經、心笛，在五十年代已寫出這樣的現代詩歌，可說早已走在臺灣現代主義詩壇的前面，這是急待研究的被忽略的中國現代主義詩歌發展史的一章。從現代詩的本質來說，另一位李經的詩也很重要，文字藝術可說是現代詩的登峰造極，同時又超越狹窄的中國的感時憂國的精神，敢于探索世界文明的空虛與病源，成爲世界性的現代詩，就如他的艾略特研究，可與國際對話。可惜他創作嚴肅，作品不多。我有幸在 1968 至 69 年間在威斯康辛大學曾上過李經（盧飛白）老師的中國現代文學與艾略特兩門課，常向他請教，發現他的現代主義的詩與臺灣同時期最好的作品比較，有過之而無不及。[19]他是美國芝加哥批評家 R.S. Crane, Elber Olson, George Williamson 和 Richard Mckeon 的高足，成爲芝加哥批評家其中一位成員，他的艾略特研究，驚動美國學界。非常可惜《白馬社新詩選》中只有李經老師的三首詩，但都是極品[20]，如〈葉荻柏斯的山道〉（第五曲，雞唱之前），是一首跨文化的長詩，意象、詩的結構、智性與感性都有中國舊詩與艾略特現代派詩歌的

---

19 Fei-Bai Lu, T.S. Eliot: The *Dialectical Structure of His Theory of Poetry*（Chicago: University of Chicago Press, 1966）.

20 1972 年逝世後，我曾編輯他的詩文集，詩 25 首，單篇論文 13 篇，寄到臺北出版，後來稿件被出版社遺失。周教授的序文發表於《傳記文學》22 卷四期（1973 年 4 月）。我有兩篇論文紀念盧飛白老師，本是附錄遺失的詩文集裏，見〈盧飛白（李經）先生的文學觀及批評理論〉、〈美國學術界對盧飛白的艾略特詩論之評論〉，收入我的《中西文學關係研究》（臺北：東大圖書，1987），頁 246-268；269-275。我兩年前重新編輯《盧飛白詩文集》，定 2010 年初由文史哲出版社出版。

傳統。[21]下面這首紀念他與艾略特在倫敦見面的長詩的一段，可見其功力：[22]

> 他清瘦的臉蒼白如殉道的先知，
>
> 他微弓的背駝著智慧，
>
> 他從容得變成遲滯的言辭，
>
> 還帶著濃厚的波斯頓土味，
>
> 他的沉默是交響樂的突然中輟，
>
> 負載著奔騰的前奏和尾聲——
>
> 他的沉默是思想的化身
>
> 他的聲音是過去和未來的合匯。

「白馬社」詩人作家真不少，胡適、顧獻樑、唐德剛、周策縱、黃伯飛、艾山（林振述）、李經（盧飛白）、心笛（浦麗琳）、黃克孫（1928-）、何靈琰等。詩人之外，還有吳納孫（鹿橋，1919-2002），他的名作《未秧歌》就是在白馬社時期寫的，周文中也因爲白馬社而搞起音樂，成爲作曲家，蔡寶瑜很年輕就成爲美國頂尖陶塑界人物。但以詩歌最爲熱鬧，其作品的多樣化，形成一個詩壇。[23]

研究中國 1940 年代現代主義的詩人的資料顯示，西南聯大時期崛起的詩人很多，如穆旦、杜運燮、鄭敏、袁可嘉，

---

21 《白馬社新詩選》，頁 243-244。

22 李經〈倫敦市上訪艾略玆〉《文學雜誌》4 卷 6 期（1958 年 8 月），頁 8-9。

23 關於白馬社的創社歷史與活動，見《白馬社新詩選》的序文、附錄；心笛〈白馬嘯西風：依稀回憶 50 年代「白馬社」兼記胡適軼事〉，李寧編《中美關係系列》第一冊（紐約：紐約天外出版社發行，2006），頁 160-179。

當時帶來很創新的氣象。[24]他們在五〇年代以後，顯然因爲政治的干擾，中斷了其現代主義前衛詩歌的探求與試驗。崛起於上海地區的辛笛、陳敬容、杭約赫的新現代主義探索，也在 1950 年代以後突然放棄了。《海外新詩鈔》中所選的艾山、李經，都是受過西南聯大現代主義詩潮洗禮的學生詩人，艾山出國前作品寫了不少，收集在到了美國後在香港出版的《天山集》[25]，由於抗戰與內戰，他們當時作品還沒被人注意[26]，他們到了美國，都一直創作，那是繼承中國 1940 年現代主義的傳統的詩人。因爲如此，《海外新詩鈔》不止選錄 1950 年代的詩作，也特別選了他們一生的作品，以説明中國現代主義的持續發展及其作品面貌。

三、一九五〇年代的殖民地香港：建構
海外五四新詩學版圖的出發點

《海外新詩選》也選了香港 1950 至 1960 年間的新詩作品。這是無中斷的繼承五四新詩運動的重要場域。所以這本詩集同時也把他們的重要性顯露出來。

1950 年代還在英國殖民地的香港，當作家從大陸出走，

24　孫玉石，《中國現代主義詩潮史輪》（北京：北京大學出版社，1999），頁 249-309。
25　艾山《天山集》（香港：人生出版社，1959）。
26　他們在出國前的作品，尚有待研究，希望《海外新詩選》出版後，會引發注意與更深入的研究。到了 1980 年代之後，臺灣逐漸注意，如王志健（上官予）《六十年詩歌選》（臺灣：正中數書局，1973）；瘂弦編《當代中國新文學大系・詩歌》（臺北：天視，1980）；參考瘂弦〈《現代詩的省思：《當代中國新文學大系・詩歌導言》〉《中國新詩研究》（洪範，1981），頁 34-35。

第一站的香港具有改變思想與生活方式的公共空間的意義。
每人憑著個人的愛好和努力，可以默默追求創作上的理想，
無須擔心政治思想形態是否正確的壓力，那些許多隱形權力
的宰製。所以當周老師在五、六十年代構思、計劃這本選集
時，他要明確的建構 1949 年以後中國五四新詩運動在海外的
發展新版圖，除了海外東南亞及美國，英國殖民地統治的香
港，也被看作繼承五四新詩的傳統的重要基地。所以大批詩
人留在香港，在不同派別的刊物上發表詩作，世界各地的詩
人在香港發表作品或出版詩集，譬如楊際光的（貝娜苔，羅
繆）《雨天集》[27]，上述提過周策縱的《海燕》、黃伯飛《天
山集》的詩集都是在香港出版。周老師原來打算大量收入生
活在香港的詩人。但是很多五十年代移居香港的詩人後來便
定居下來，融入了香港的社會與文壇，再加上近三十年香港
文學主體性的成長，他們已經受到重視與承認，像黃繼持、
盧瑋鑾 、鄭樹森編《香港新詩選 1948-1969》、黃繼持 、
盧瑋鑾、鄭樹森編《早期香港新文學作品選》與胡國賢編《香
港近五十年新詩創作選》，[28] 這些選集都說明，許多詩人從
徐訏（1908-1980）、力匡（1927-1991）、徐速（1924-1981）、
燕歸來、李素（1910-1986）、夏侯無忌（1930-）、岳心（徐
東濱，1927-2004），到林以亮（宋淇，1919-1996），都是

---

27 楊際光（貝娜苔，羅繆）《雨天集》（香港：1968）。鍾文苓的評
論寫於 1951，可見詩集早已編好，延後出版，《雨天書》新版
由吉隆坡雨林小站於 2001 再版。
28 黃繼持、盧瑋鑾、鄭樹森編《香港新詩選 1948-1969》（香港：
香港中文大學出版社，1998）；黃繼持、盧瑋鑾、鄭樹森編《早
期香港新文學作品選》（香港：天地圖書，2000）；胡國賢編《香
港近五十年新詩創作選》（香港：香港公共圖書館，2001）。

香港作家，已受到應有的承認與研究。因此本集只選了數目
很少的當時定居香港詩人的作品。我們發現周老師當初選
的，多數詩人都是自由、抒情、格律派詩人，因此我們額外
加上了林以亮與夏濟安（先後香港、臺灣、美國）的現代主
義的詩，因為前者把格律性的現代主義的詩結合的新詩學帶
來香港，後者把五四的四〇年代的現代主義詩先後帶來香港
與臺灣。

上圖：五〇年代的殖民地香港是繼承五四新詩運動的重要場
　　　域，黃繼持、盧瑋鑾、鄭樹森編《香港新詩選
　　　1948-1969》、力匡《燕語》、楊際光的（貝娜苔）《雨
　　　天集》是代表作。

　　正如陳滅（陳智德）所指出，五〇年代從內地來港的新
詩作者如徐訏、力匡、徐速、夏侯無忌、李素等諸位亦繼承
「五四」文學傳統，特別在形式上沿用新月派，並強調浪漫
情感，有延續「五四」及藉此表達鄉愁之思的文化需要；另
外少數現代主義詩人如林以亮針對他們相對保守的文學形式
和過於感傷的語調而提出調整，林以亮企圖制約情感，那是

五四新詩到了四〇年代的新方向。[29]四〇年代香港新詩多元
並存的局面，從選集中可看出，政治立場上的左與右、詩形
式上的格律與自由，內容上的晦澀與明朗，都有所呈現。

1949 年後前往東南亞繼續創作的詩人甚多，周老師原來
就選了去了新加坡的力匡，我們增加了先後自我放逐香港、
馬來西亞與美國的楊際光（貝娜苔，羅繆），他繼承與創新
了四〇年代的現代主義中文詩歌，他們代表把五四多元的新
詩帶到海外的重要詩人，現在力匡與楊際光 都受到香港學
界的重視，所以他們的作品也不必選錄太多。[30]其實前往東
南亞的詩人很多，如黃崖、堯拓及其他的人，但是很多詩人
後來都已融入當地的社會與文壇，發展成馬華詩歌、菲華詩
歌或泰華詩歌的詩人，因此他們不在《海外新詩選》的範圍
與對象以內，因爲他們已發展成爲當地國家的詩人與作品。
這是另一個有待研究的有趣的課題。

四、五十年代新詩學：斷裂、繼承、 漂移、蛻變、與多元現象

中國五四所發展的新詩傳統，到了五〇年代，因爲大陸
與臺灣的極權政治對立，左右思想形態的干擾，五〇年代的
中國新詩就沒有繼承四〇年代的詩歌發展，發生了斷裂。張
曼儀、黃繼持、黃俊東、古兆申等八人編選的《現代中國詩
選：1917-1949》在總結 1917 至 194 年的詩選作導論時，感

---

29 陳滅（陳智德）〈重構「沒有歷史」的歷史：評《香港新詩選
1948-1969》〉《信報》，1998 年 7 月 11 日。
30 如《香港新詩選 1948-1969》與《香港近五十年新詩創作選》都
有選錄。

慨地說：

> 由於中國的政局急遽變動，沒有充分時間讓他們進一
> 步沿著自己的方向開拓，但他們確是忠於時代，忠誠
> 於詩藝。雖然五○年代中國詩並沒有接着四○年代這
> 派詩風發展，這批詩人的努力，究竟是值得尊敬的。[31]

斷裂嚴重的情況，以大陸與臺灣最爲嚴重。但香港與海
外就不一樣。由於過去學者在審視中國新詩的發展的視野，
只聚焦在大陸或臺灣，往往忽略了香港及海外的詩人及其作
品，才會得出這樣的結論：中國新詩在四○年代以後產生斷
裂的歷史發展現象。學者的誤解，是因爲海外的史料還未被
整理。譬如林以亮 1950 年代在香港的《人人文學》（1952-55）
與《文藝新潮》（1956-57）發表詩與詩論[32]，心笛以心聲爲
筆名發表在舊金山的《少年中國晨報》的詩，盧飛白以李經
爲筆名發表在臺灣《自由中國》、《文學雜誌》的詩，實鮮爲
人知。所以陳滅說：[33]

> 對九十年代的讀者來說，香港新詩無疑是一種沒有歷
> 史的文學。它的過去，被藏匿在幽暗的角落，存在與
> 否幾乎受到懷疑，只近年在不少由中國學者撰寫的有
> 關香港文學史的論述裡因政治需要而受到「照顧」。

---

31 張曼儀、黃繼持、黃俊東、古兆申等八人編選，〈導言〉《現代
中國詩選：1917-1949》（香港：香港大學出版社、香港中文大
學出版部，1974），頁 35。

32 梁秉鈞〈1950 年代香港新詩的傳承與轉化：論宋淇與吳興華、
馬朗與何其芳的關係〉《現代漢詩論集》（香港：香港嶺南大學
人文學科研究中心，2005），頁 98-110。

33 陳滅〈重構「沒有歷史」的歷史：評《香港新詩選 1948-1969》〉
《信報》，1998 年 7 月 11 日。

《香港新詩選 1948-1969》作為一系列整理五、六○
年代香港文學的研究，可說是一項發掘藏匿者的工
作。鄭樹森的〈導讀〉一如他在《香港文學大事年表》
序所言，自覺為重構歷史的工作，同時瞭解到重構的
局限性，具有開放和自省的態度。就〈導讀〉和所選
作品，編者有意突出五、六○年代香港新詩多元並存
的局面。鄭氏指政治立場上的左與右、詩形式上的格
律與自由，內容上的晦澀與明朗，都得以並存，又指
出香港新詩與台灣現代詩的淵源關系。此「並存」局
面大異於同時代的中國和台灣，原因值得進一步探
討；「並存」當中的抗衡和調整，使整個局面更形複
雜，更是香港新詩建立主體性的重要契機。

　　現在正如本文上面所述，根據香港主體性的五、六○年
代的詩選建構起來了，如《香港新詩選 1948-1969》、與《香
港近五○年新詩創作選》。而且香港五、六○年代的詩歌研
究也開始建構香港詩歌本體性的論述，如梁秉鈞〈1950 年代
香港新詩的傳承與轉化：論宋淇與吳興華、馬朗與何其芳的
關系〉、陳滅〈重構「沒有歷史」的歷史：評《香港新詩選
1948-1969》〉；鄭樹森〈五、六年代的香港新詩〉[34]便是很
好的論述。

---

34 梁秉鈞〈1950 年代香港新詩的傳承與轉化：論宋淇與吳興華、
　　馬朗與何其芳的關係〉《現代漢詩論集》（香港：香港嶺南大學
　　人文學科研究中心，2005），頁 98-110；陳滅〈重構「沒有歷史」
　　的歷史：評《香港新詩選 1948-1969》《信報》，1998 年 7 月 11
　　日；鄭樹森〈五、六年代的香港新詩〉《香港新詩選 1948-1969》，
　　頁 i-xiii。

　　如上所述，香港和海外，尤其美國都是具有不必改變生活的方式與思想形態的公共空間，詩人可以自由去探索與開拓詩歌的個人第三空間。鄭樹森說：「五〇年代初活躍於香港文壇的詩人多數是格律派。年齡較大的詩人是徐訏（1908-1980）和林以亮；年輕一輩則爲力匡和齊桓（夏侯無忌，1930 生）」，[35]他們試驗西方如十四行詩等西方詩的形體，非常強調有形的有節奏的、有音樂性的詩歌。但是後來，走向現代主義的詩歌的也很多，形成像香港多元並存的局面，但是也建立香港自己的特色。

　　其實《海外新詩鈔》所選的在美國的中文詩人群，充分顯示出也是如此，而在大陸剛好相反，四〇年代以後，大家回頭寫散文式的民歌体白話詩。剛到美國的時候，像黃伯飛、周策縱、西艾、艾山，多是繼承了四〇年代的格律詩派，就如周策縱的第一本詩集《海燕》與艾山《暗草集》都是抒情的格律詩，但是他們兩位後來都是大力試驗各種詩體、各種主題、包括現代主義的詩，尤其艾山。他與李經在五〇年代已走向在比臺灣香港的更前衛的現代主義詩歌。

　　這本詩選清楚地顯示，在一個沒有政治社會主導的詩歌的時候，詩歌只是個人創作的思想、想像與文字藝術。他們不斷探索的創意世界，因此詩人的創意發揮到極致。像周策縱，他一生的詩歌創作，《胡説草：周策縱新詩全集》與《周策縱舊詩存》[36]，可以看作一部中國詩歌史或中國詩歌全集

35　鄭樹森〈五、六年代的香港新詩〉《香港新詩選 1948-1969》，頁 i。
36　王潤華、周策縱、吳南華編《胡説草：周策縱新詩全集》（臺北：文史哲，2008）與陳致《周策縱舊詩存》（香港：香港浸會大學中文系，2006）。

的橫切面與縮影，從自由白話詩、象徵詩、格律詩、現代主義詩，也不斷的以舊詩詞的形式創作，主題與內容也千變萬化。域外的五四、離散與文化流變爲他的新舊詩，建構了屬於他自己特有的棄園詩學。周策縱從一九四八年流放美國之前開始寫作，一直到 2007 年逝世時，從不間斷，雖然作品不多，但其嘗試過白話自由詩、格律詩，又如何轉化成現代詩與後現代詩？又如何通過語言變遷、跨中西政治文化、邊緣思考等建構了一種新的新詩學，一種我所謂的「棄園詩學」。[37]周老師〈我在大西洋裏洗腳〉（1959）是一首很典範性的格律詩，有聞一多、徐志摩的韻律與社會思考文化內涵：[38]

> 我在大西洋裏洗腳
> 滿天的星斗浮起泡沫
> 這裏該有我故鄉的江水
> 水上卻沒有往日的漁歌
>
> 我冒著狂風奔向大海
> 潮水像雪花對我飛來
> 這四週全沒有人的聲影
> 只我的脈搏和海潮澎湃

---

37 王潤華〈五四、離散與文化流變：周策縱的棄園新詩學〉，第七屆東亞學者現代中文學國際研討會：都市文學與社會變遷，2008 年 11 月 22 日，新加坡南洋理工大學孔子學院；現收入許福吉編《都市文學與社會變遷》（新加坡：八方文化，2009），頁 21-44。

38 《胡說草》，頁 331。

我背後雖然是燈火輝煌

卻要去追求暗淡的星光

讓海風吹去我溫暖的喘息

飄散到那邊的人們的心上

這沙灘上佈滿了無數的腳印

像墓碑上鐫刻著不朽的碑文

我獨自徘徊在這水邊憑弔

踩亂了許多含蓄的風痕

由於他大膽的試驗、詩不斷的轉型，試讀下面寫於 1992
的〈讀書〉，那裏像從五四走過來的詩人寫的詩？[39]請讀：

他躺在床上讀書

從甲骨文直讀到草書

把頭髮越讀越白了

他用手去摸一摸西施的笑

她噗哧一聲發嗔說

你當初為什麼不呢

他臉也紅了

頭髮也黑了

一頁又一頁　有人待在誰的黃金屋裡

只聽見咯咯的笑聲

再翻下去

39　《白馬社新詩選》，頁 198-199；《胡說集》，頁 155。

是一陣哭泣

他趕快把書關了

可是頭髮越白越讀呢

　　就如洛夫所指出，通過「一陣調侃，一種深沈的反思，處理手法頗有「後現代」的趣昧。」[40]余光中對周策縱的〈海峽〉（1996）這首詩讀了竟敬佩不已，因爲「意象逼人」、他還說「匠心獨造，老來得詩而有句如此，可佩也。」請讀這首詩：[41]

當然都是可以載船或翻船的水

不料從這邊或那邊望去

卻總有點兒水土不服

波濤上晚霞拖一條血紅的繩

不知會牽出喜事還是喪事

總比在別人屋簷下還好些罷

這水，有些人是親自渡過的

有些人是父母親渡過的

當然也有些遠祖父母……

這樣就能造成海峽麼

40　《白馬社新詩選》，頁 224。
41　《胡說集》，頁 158；《白馬社新詩選》，頁 226-227。此詩發表於 1996 年 5 月 25 日的《聯合報》副刊，後收集於余光中、蕭蕭等編《八十五年詩選》（臺北：現代詩李刊社，1997 年），頁 31。有余光中的小評。

　　　反正水沒記性

　　　魚又不是太史公

　　　然而，回頭就是兩岸

　　　難道該讓人比魚還滑頭嗎

余光中指出：

　　　海峽兩岸原是同民族，只有先來後到之別，無人種、
　　　文化之分。所謂「水土不服」，只半世紀的政治所造
　　　成。作者引用「水可載舟，亦可覆舟」之意，更益以
　　　喜事或喪事之變，來勸喻兩岸之人，用心很深。紅繩
　　　原可牽出喜產，紅的繩就未必了。這血紅的繩偏是晚
　　　霞所牽，意象逼人，匠心獨造，老來得詩而有句如此，
　　　可佩也。篇末以水與魚來與人比，指出人而忘本，將
　　　不如魚，又闢出一境。

　　　此詩風格清俊，深入淺出，饒有知性，可以上追馮至、
　　　卞之琳、辛笛。所謂十四行，全無押韻，句法也不齊，
　　　甚至段式都呈「倒義大利體」，前六後八，另成一格。[42]

　　　余光中所說「可以上追馮至、卞之琳、辛笛」極含深意，
因爲周策縱是一位敢於嘗試與試驗各種形式與內容的詩歌，
由於他創作生命長久，在他一生所寫的新詩作品，幾乎可以
輕易的找到代表各個詩派特色的詩，從胡適、康白情、徐志
摩到聞一多、戴望舒、艾青到臺灣現代派及後現代的詩人。

─────────────────

42 同上。

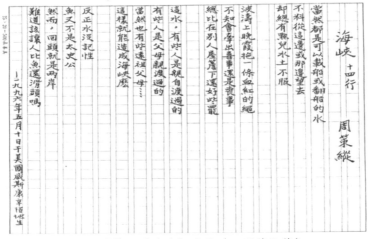

上圖：周策縱〈海峽〉手稿（王潤華收藏）

　　又如心笛自大學時期便被自我放逐在異國的社會邊緣，遠離政治權力，置身於正統文化之外。心笛的詩歌，在一個沒有政治化的民族國家書寫的壓力之下，不必爲永恆的主題而寫，她的想象的空間無限，她寫出了作爲女性個人內外世界的境界，充滿創意的詩，因此爲胡適不但欣賞佩服，稱爲中國「新詩前途的像徵」，心笛的抒情詩的意境，唐德剛以美國女詩人 Emily Dickinson（1830-1886）相比。[43] 從下面的兩首短詩，可見中國自冰心、朱自清、康白情以來的白由抒情詩已被提昇到極致的境界，這是把現代主義化的理智帶進了四〇年代以前純感情的抒情詩：

　　〈乞丐〉

　　　變成了乞丐，

---

43 唐德剛〈新詩老祖宗與第三父藝中心〉《胡適雜憶》，頁143-148。

伸出手

誠心地

到處索求着「真」。

那些路過的人

吝嗇而又聰明，

賜給我一臉笑，

卻只美麗而又空虛。

〈散工後〉

硬街頭，

點着一二三四五個水龍頭。

失去榮耀的陰溝，

吐着白氣，

沒聲沒形沒嗅。

鐵樣的門鎖着，

鉛般的窗關着，

鋼骨水泥牆圍着，

這是散工後紐約市的大樓。

抬起頭，

一窄片死灰的天，

朝前顧後，

沒樹沒鳥沒狗。

　　像穆旦、杜運燮、鄭敏、袁可嘉，艾山與李經都是抗戰時期在西南來聯大讀外文系的學生，同時期受到現代詩運動

的影響。李經抗戰時就讀昆明南聯合大學外文系。四年級時
參加青年軍,做了一年翻譯工作。勝利後返清華園完成學業,
1947 年畢業。畢業後留校教了一年英文。1948 年考取庚子賠
款,留學美國,進芝加哥大學,博士論文是寫艾略特的詩論,
後來由芝加哥大學出版社出版《艾略特詩論中的辯証結構》
(*T.S. Eliot: The Dialectical Structure of His Theory of
Poetry*)[44],被譽為論艾氏詩歌理論的重要突破。可惜至目前
他在西南聯大與北大的文學活動,尚未有考證,但是他到美
國寫的現代主義的詩,是直接從大陸繼承五四的現代主義詩
的火種是肯定的,不屬於臺灣的現代主義。

艾山考入北京大學。七七事變後進入昆明西南聯大,
1938 年外語系畢業。與同學陳三蘇(羽音)赴香港結婚。
1948 年秋與妻留學美國,出國前以筆名林蒲寫了很多詩,收
集在《暗草集》(香港:人生出版社,1956),他典型的繼
承了五四的何其芳和聞一多格律、象徵派的詩,到了美國,
他的詩從五四的傳統新詩,走在臺灣的現代主義的前面,這
些在美國寫的 1954 至 1959 的現代主義詩作的,後來收入《埋
沙集》(臺北:文星書局,1960),創造了另一種異於臺灣
或香港的現代主義的詩。

六、「海外新詩學」的兩重結構:「海外 五四新詩學」與「世界新詩學」

「海外新詩學」具有兩重結構:「海外五四新詩學」與

---

44 Fei-Bai Lu, *T.S. Eliot: The Dialectical Structure of His Theory of
Poetry*(Chicago: University of Chicago Press, 1966).

「世界新詩學」，因爲這些知識分子詩人，在五、六〇年代
與以後，經歷過兩种社會與文化生命的歷程，具有前後的兩
種不同詩人身份證。第一重詩學是繼承了四〇年代的各種傳
統，在五、六〇年代的海外繼續發展出來的，我稱爲「海外
五四新詩學」。或以當時胡適的「第三文藝中心」話語來説，
也可稱爲中國的第三種新詩學。瘂弦在編選《當代中國新文
學大系・詩歌》時，就注意到這群詩人的重大歷史意義：

> 此外，我們也選錄了三、四〇年來散居英美（特別是
> 美國）老一輩詩人們的作品。這些詩人，大多於抗戰
> 前後赴往美國，他們的創作基本上承襲了 1949 年以前
> 新詩的詩風…。對於 1949 年以後臺灣的現代詩與現代
> 主義，接觸較少，感覺陌生，顯然不曾受到臺灣現代
> 詩激烈的影響，而與大陸「政治掛帥」文壇更不屑一
> 顧，因此，他們仍然依循新文學運動發展出來的軌跡
> 前行，並肯定自己是新文學運動以降中國文學的衣缽傳
> 人。他們獨塑的風貌與舍我其誰的豪邁氣質，很明顯的
> 造就了 1950 年以來中國文學的「第四個文壇」…。[45]

同時瘂弦也說：「此中詩人以周策縱爲首，另有白馬社的詩
人亦屬之。」

當這一批詩人知識分子自我放逐海外，特別是美國而不
回歸中國，繼續在海外創作。放逐的、邊緣的、世界的文化
與詩學孕育了第二種「海外新詩學」的誕生。而這個「海外」，

---

45 瘂弦〈《現代詩的省思：《當代中國新文學大系・詩歌》導言》〉
《中國新詩研究》，頁 34-35。瘂弦因爲把東南亞劃爲第三個文
壇，所以美國成爲第四。

更確定的說，應稱爲「白馬社新詩學」，或是「世界中文新詩學」，他們幾乎全是抗戰前後從大陸出去，留學美國的知識分子，他們成爲國際性的公民詩人。像周策縱、李經、艾山、心笛等人的感性、題材都很離散、邊緣、或稱國際性。這是有待深入研究有趣而重要的課題。

所以這部《海外新詩鈔》，以作品建構了至今被遺忘的中國新詩歷史：這批海外詩人知識分子，延續中國五四新詩的精神，以及中國四〇年代的新詩傳統。這種在五、六〇代海外的詩歌，我稱爲「海外五四新詩學」。但是經過五〇年代，這批定居在海外的尤其美國的中國知識分子，永遠自我放逐，變成美國華人，他們詩歌在多元文化、邊緣的情境中的流變、轉型，最後自己成長成另一種新的詩學，這種海外詩學，或更準確地說是「白馬社詩學」，它與五、六〇年代的海外五四新詩學不同，與大陸、臺灣與今日的香港新詩也不一樣。1949 年前後很多詩人從大陸到了臺灣，如覃子豪、鍾鼎文、紀弦，他們已成爲臺灣新詩不可分割的詩歌傳統。黃崖、姚拓及很多當年與友聯文化事業有關的詩人變成新馬的文學作家。也有很多知識分子詩人到了香港，像徐訏、徐速、夏候無忌、林以亮，在五、六〇年代的他門屬於「海外五四新詩學」，後來落地生根，在文學身分證上，又歸化爲香港本土作家了。

我在上面的論述中，一再的重復使用一些話語，如我多次指出，艾山與李經創造了另一種異於臺灣或香港的現代主義的詩，而心笛悄悄的繼承四〇年代抒情詩的傳統，到了美國，把現代主義詩歌的技巧、理智、語言、想像藝術帶進了

四〇年代抒情詩，創造了一種世界性抒情詩。像周策縱，他幾乎融會了五四新詩各種試驗過的詩歌，加上中國古典詩歌的傳統藝術，再與時跟進，從自由、格律到現代主義、後現代主義，他的詩集可以看作爲一部中文的詩歌史，中文詩歌全集。[46]

　　這一群詩人知識分子，他們在六〇年代以後，完成了繼承五四現代派傳統的詩歌的使命路程以後，其中不少還繼續寫了一輩子，他們的作品的傳統，與後來在 1960 年以後從臺灣去歐美，或七〇年代從大陸出去的作家，完全不同。譬如原來臺灣的楊牧、杜國情與非馬、原來港澳的葉維廉與張錯，就屬於另一種詩學。他們的詩學的異同的精細分析，至今尚被學界忽略，這本詩選的出版，就提醒我們這是急待開拓的研究課題。

　　我上面說過，李經的詩最超越，他的文字藝術可說是現代詩的登峰造極，同時又超越狹窄的中國的感時憂國的精神，敢于探索世界文明的空虛與病源，成爲世界性的現代詩。夏志清在〈中國現代文學感時憂國的精神〉一文中說：「英、美、法、德和部分蘇聯作家，把國家的病態，擬爲現代世界的病態；而中國的作家，則視中的困境爲獨特的現象」。所以中國作家，從不敢逾越中國的範疇，從不進入現代文學的主流。[47] 其實唐德剛、周策縱、黃伯飛、李經、心笛、西艾、黃克孫、楊繼光等人的詩歌，不但繼承五四的傳統，也超越了五四傳統，他們以中文嘗試書寫的世界詩學。

---

46 王潤華〈五四、離散與文化流變：周策縱的棄園新詩學〉，第七屆東亞學者現代中文學國際研討會：都市文學與社會變遷，2008年 11 月 22 日，新加坡南洋理工大學孔子學院。
47 夏志清〈中國現代文學感時憂國的精神〉《中國現代小說史》（臺北：傳記文學，1991），頁 535-536。又見許福吉（編）《都市文學與社會變遷》（新加坡：八方文化，2009），頁 21-44。

第九章　周策縱論世界華文文學：
「雙重傳統」與「多元文學中心」論

一、從英文文學的大同世界想起

　　我目前（1990 春天）在倫敦大學做研究，前後共有二個月。每次到泰晤士河畔那一帶散步，看見西敏寺大教堂，就要買一張票進去瞻仰老半天。我不是喜歡看帝王將相、王親國戚的遺容，而是獨愛詩人角落（Poets Corner）的象徵意義。這裏的墳墓、雕象、紀念碑，不但代表英國重視詩人作家，把他們與帝王將相、上帝神權放在同等重要的地位，同時也代表英國文化包涵量之大方。正統的作家，反傳統的作家（如拜倫）通通都被接納，雖然拜倫曾一度被西敏寺的主持人禁止進人，可是最後拜倫還是大搖大擺的走進去了。描寫英國本土的作家固然受到重視，只關心外地的作家如吉卜林（Rudyard Kipling,1865-1936）也被一視同仁，受人供奉。一些原是域外的英文作家，如澳洲的哥頓（Lindsay Gordon, 1833-1870）、美國的艾略特（T . S. Eliot, 1888-1965）、詹姆斯（Henry James, 1843-1916）、朗費羅（H. W. Longfellow, 1807-1882），都被英國搶過來，供奉在西敏寺大教堂內。

　　西敏寺的詩人角落，空間雖小，意義卻很大，它象徵一

個沒有國家界限的英文文學大同世界。在英國人的文學認識中，只要用英文創作的作家，不管其國籍，只要他成爲偉大的作家，他將被接納進英國文學領域裏。譬如印度的泰戈爾（Rabindranath Tagore, 1861-1941），他的英文詩，都被選錄進《牛津英文詩選》（*An Oxford Anthology of English Poetry* ,eds. Howard Foster Lowry and Willard Thorp ,Oxford University Press, 1956.）目前世界各地的英文文學作品，特別是在英國以前殖民地的英文作家的作品，英國、加拿大、澳洲，爭先恐後的去研究。

從西敏寺的詩人角落到大英聯邦英文文學的研究，使我想起世界華文文學的大同世界，也是該要建設起來了。

二、從新加坡華文文學建立的文學傳統談起

一個國家文學的成長，首先需要作家寫出好作品，建立起一個文學傳統，然後走向自己的國家，走進自己的社會，

上圖：王潤華《魚尾獅、榴槤、鐵船、與橡膠樹》（臺北：
　　　文史哲，2007）《從新華文學到世界華文文學》（新
　　　加坡：七洋出版社，1994），《華文後殖民文學》
　　　（臺北：文史哲，2001）。

受到自己國家社會的承認，贏取了自己國家讀者的信心，這樣一個國家的文學才能算是成長，可以開始走向世界。

新加坡華文文學基本上已順利完成這一段歷史路程。作爲構成新加坡國家文學之一環的華文文學，它遠比東南亞地區及其他國家的華文文學來得幸運，自建國以來，華文文學就一直被納入國家文學裏，其地位與價值完全被接受和肯定。新加坡的華文文學作品，很早以來，就被列入中學課本與會考出題範圍，在大學中文系裏，新馬華文文學也成爲教學科目與研究物件。新加坡全國性的文學獎，如公共服務勳章、文化獎（文學）、人書籍理事會的書籍獎，華文文學作品之成就都受到應有之承認與表揚。一些區域性或國際性的獎勵，如東南亞文學獎、亞細安文化獎（文學類），人愛荷華國際作家寫作計畫），華文作家都能共享這種榮譽與獎勵。比較有代表性的國家文學選集如《亞細安文學選集》（*Anthology of ASEAN Literatures*）中的新加坡卷，新加坡華文文學作品所占的篇章之比例，比其他三種語文還多，因爲歷史事實就是如此，在過去，華文文學遠比其他三種語文的文學來得蓬勃，作家、作品、讀者，都比馬來文、淡米爾文及英文文學多。

東南亞其他國家，像馬來西亞、菲律賓、泰國、甚至印尼，都有悠久的歷史，而且產生了許許多多值得閱讀的和研究的作品。每個國家的華文文學各有其獨特性，各自反映其國家社會。因此，整個東南亞的華文文學，反映了這區的許多共同的特點和不同的地區色彩。因此近十多年來，已引起廣大的注意和研究。

　　1988 年 8 月，新加坡作家協會與德國哥德學院，聯合在新加坡主辦了以東南亞華文文學爲主題的國際會議，美國、西德、中國大陸、臺灣、香港、韓國、澳洲及東南亞各國，都有學者參加並提出研究論文。這一次的會議證明，東南亞華文文學的研究，已經開始在世界各地進行着，而且日漸專門化和深入化，世界著名大學的大門已爲東南亞本地區的文學打開。

上圖：周策縱（左五，第一排）與世華作家／學者在《第二屆華文文學大同世界國際會議：東南亞華文文學》（新加坡，1998 年 8 月 15-19）上留影。

三、從中國文學傳統到本土的文學傳統

　　在上述的東南亞華文文學國際會議上，周策縱教授特地被大會邀請前來作總評。他聽取了 27 篇論文的報告和討論後指出，中國本土以外的華文文學的發展，必然產生「雙重傳統」（Double Tradition）的特性，同時目前我們必須建立起「多元文學中心」（Multiple Literary Center）的觀念，這樣

才能認識中國本土以外的華文文學的重要性。我認爲世界各國的華文文學的作者與學者，都應該對這兩個觀念有點認識。

上圖：周教授此詩（手稿第一頁）寫於 1996 年擔任新加坡國立大學客座教授期間。

　　任何有成就的文學都有它的歷史淵源，現代文學也必然有它的文學傳統。在中國本土上，自先秦以來。就有一個完整的大文學傳統。東南亞的華文文學，自然不能拋棄從先秦發展下來的那個「中國文學傳統」，沒有這一個文學傳統的根，東南亞，甚至世界其他地區的華文文學，都不能成長。然而單靠這個根，是結不了果實的，因爲海外華人多是生活在別的國家裏，自有他們的土地、人民、風俗、習慣、文化和歷史，這些作家，當他把各地區的生活經驗及其他文學傳統吸收進去時，本身自然會形成一種「本土的文學傳統」（Native Literary Tradition）。新加坡和東南亞地區的華文文學，以我的觀察，都已融合了「中國文學傳統」和「本土文學傳統」而發展著。我們目前如果讀一本新加坡的小說集或詩集，雖然是有華文創作，但字裏行間的世界觀，取材、

甚至文字之使用，對內行的人來說，跟中國大陸的作品比較，是有差別的，因爲它容納了「本土文學傳統」的元素。

　　一個地區的文學建立了本土文學傳統之後，這種文學便不能稱之爲中國文學，更不能把它看作中國文學之支流。因此，周策縱教授認爲我們應該建立起多元文學中心的觀念。華文文學，本來只有一個中心，那就是中國。可是自從華人遍居海外，而且建立起自己的文化與文學，自然會形成另一個華文文學中心；目前我們已承認有新加坡華文文學中心、馬來西亞華文文學中心的存在。這已是一個既成的事實。因此，我們今天需要從多元文學中心的觀念看世界華文文學，需承認世界上有不少的華文文學中心。我們不能再把新加坡文學看作「邊緣文學」或中國文學的「支流文學」。（周策縱〈總結辭〉見王潤華等編《東南亞華文文學》，新加坡作

　　上圖：左王潤華等編《東南亞華文文學》（新加坡作協
　　　　　／哥德學院出版，1989），右王潤華等編《亞細
　　　　　安文學選集》詩歌卷（新加坡文化部，1983）。

協/哥德學院出版,1989)。

目前英文文學的發展,也是形成一個如此多元文學中心的局面。除了英國本土是英文文學的一個中心之外,今天美國、加拿大、澳洲、紐西蘭、印度及許多以前英國殖民地,都各自形成一個英文文學中心。因此,在他們的心目中,英國以外的英文文學不是英國文學的支流,而是另一個中心。英文文學的發展,比華文更複雜,因爲他們的許多國家的作家甚至不是白人,而是其他民族,包括印度人與華人。

四、歐美的留學生文學已成長成另一種華文文學中心

我自去年(1989)以來,先後到加拿大,美國、英國等國訪問,前後生活了一年。在加拿大有加拿大華文作家協會,在英國有英國華文作家協會,在美國有海外女作家聯誼會。這些組織之成立,都是這幾年的事情,由此可知歐美各國作家對自己在當地生根成長,自成一個中心的認識與關心。我在各國與作家接觸的結果,發現這些住在歐美的作家,已逐漸脫離早期留學文學、放逐文學,而形成加拿大華文文學、美國華文文學、英國華文文學的時期。原因很簡單,他們在歐美住了二、三十年,在心理和社會關系上,距離台灣、香港愈來愈遠,而一方面,對僑居地卻擁抱得更緊,因此當地的社會生活經驗,就更多的進入他們的文學作品裏。我覺得在加拿大和美國,很多作家的作品成長起來,如上面所說的「本土的文學傳統」,因此,我們不應該把他們單純的看作「來自臺灣的作家」或「來自香港的作家」。今天美國、加

拿大、英國，許多作家已建立起他們各自的華文文學傳統。

五、重新認識華文文學地圖

英文文學已發展到這樣的一種局面，每年最好的詩，最好的小說，最好的戲劇，不一定出自英國作家或美國作家之手，它可能出自印度的或非洲的非白人作家之筆。同樣的，如果我們公平的評審一下，每年最好的華文小說或詩歌，很可能出自新加坡華文作家或馬來西亞作家之筆，不一定來自中國大陸和臺灣。這些現象都足以說明，華文文學已出現新的局面，我們需要重新認識我們的華文文學新地圖。

附錄一：等待五四過後，春暖花開回返陌地生

── 追悼國際漢學大師周策縱教授（1916-2007）

上圖：周教授在 1996 年在陌地生棄園大門前（王潤華攝）。

一、中風後昏迷不醒逝世

我的老師周策縱教授，八十歲以後，每年 11 月嚴冬降臨時，從老家陌地生飛到舊金山北郊阿巴尼（Albany）小鎮的

公寓過多。今年 3 月初師母吳南華醫生撥電話找我，告訴我
可怕的消息：老師得了嚴重的肺炎，送醫院後又不幸中風，
昏迷不醒。3 月 24 日接到他的小女兒琴霓的電郵說，由於父
親中風后昏迷不醒，加上近年來他飽受老人癡呆症的折磨，
家庭會議作了最痛苦的決定：逐漸減少醫藥，讓他自然的逝
世。我 4 月 7 日打電話給師母，她說周老師眼睛偶爾會張開，
呼喚他，好像沒有知覺與反應。老師在 5 月 7 日下午 6 點左
右在舊金山北郊阿巴尼家中逝世。周老師一輩子愛讀書，我
的朋友吳瑞卿博士告訴我：「前幾天我還去看過周公，和他
說話，他望著我，像思考又像想說話的，師母和護士說極大
可能他是認得我！我撫他的手，他則握緊我的手。無論他認
得與否，顯然有人去看他，他就會開心。護士拿了一本書給
他，他拿得很緊，周公本色也！」

　　師母說，老師生前吩咐不要火化，要運回威斯康辛的陌
地生安葬，現在安排五月二十日在陌地生舉行葬禮。老師每
年在冰雪溶解，春暖花開時便從加州回返陌地生。他最後的
人生旅程也是自己特意安排的吧？他從三月等到五月，過了
他研究的五四，就是要在春天才肯回去陌地生的棄園，老師
很怕這個寒冷的人間。他的棄園是冰雪之鄉，他的舊詩〈風
雪〉（1978）：

　　　滿城都睡我猶醒，頓覺江山到戶庭。

　　　無月無星唯有雪，迴風白雪兩堪聽。

　　　　　　　　　　　── 1978 年 1 月 26 日夜，於陌地生

上圖：1985 年嚴冬的棄園（王潤華攝影）。

二、深受老人癡呆症的折磨

老師生於 1916 年 1 月 7 日，今年九十一高壽。前幾年因爲老人癡呆症的困苦，雖然身體還有活動力，他已不敢接聽電話、不便出門，更不必說出國開會。我慶幸能在 2003 年 12 月給他安排生命中最後一次出國遠行，那是到臺灣參加元智大學的語言文學與資訊科技國際會議作主題演講，同時洪銘水、周昌龍與蔡振念學弟也邀請他到中南部大學演講。他原來不肯參加，後來我請師母陪同，才說服他。我邀請周老師，因爲在個人電腦還未來臨的的時代，他已在威斯康辛大學指導學生採用電腦的數據分析進行語言文學研究，最有名的是求證《紅樓夢》後四十回是否爲高鶚續書的問題，他恐怕是最早運用電腦研究文學的漢學家。出乎我意料之外，他

的主題演講只說了不到半小時就結束了，他的講演，一向滔滔不絕，超出時限而不能停止。後來我才知道，那時候，他已發現記憶與思考常常會中斷，害怕難堪，他對自己沒有信心了。對一位過目不忘的大師來說，沒有了強大的記憶力，恐怕是最大的致命傷，就如電腦會當機。那年回到美國後，不久就開始不敢接聽所有人的電話了。

上圖：2003 年 12 月受邀到臺灣元智大學主持語言文學與
　　　數位科技國際研討會主題演講，左起黃啟方、王潤
　　　華 、周策縱、蔡志禮、李前南。

三、生前在往返大學的路邊，已給自己買好墓地

　　周老師是一位眼光超前、透視力超強、生命力超強的大師級的漢學家，他勇敢的面對生命。1996 年 10 月中，我和

淡瑩重返老師在陌地生的棄園小住，23 日早晨下着秋天的小雨，老師突然反常的早起，興奮的跟淡瑩與我說，"我要帶您們去看看我買的墳地"。那年老師才八十歲，非常健康，體力精神都不輸給中年人，天天看書寫作到凌晨。

他自 1963 年應聘威大以來到 1994 年退休前，四十多年幾乎每天從陌地生的西郊的棄園。民遁路（Minton Road）開車往返威斯康幸大學，途中經過快速道（Speed Way）一片幽靜的樹林墳場（Forest Hill Cemetery），他非常喜歡，因此八十歲時就買了四個墓地，希望以後夫妻、甚至兩位女兒都在此安息。他還說已跟殯儀館簽好殯葬儀式費用的合約。

四、前不見古人，後不見來者：貫通古今中外，跨領域的漢學大師

周老師博學深思、治學嚴謹。他百科全書式的記憶與學問、分析與批評時，驚人的機敏睿智，爲人又好俠行義，是學者的學者，教授的教授。即使國際學術界不同行的人，對其學問淵博，橫溢的詩才、教學研究的成就，沒有不深感欽佩與敬仰。像數學大師陳省身教授與他從未見過面，也景仰他的學問與舊詩才華。周教授的朋友與學生，更一致的感嘆，今天從中国大陸到港臺，從北美到歐洲，很難找到一位像他那樣學識淵博，貫通古今中外，多領域的學問，跨領域的研究，同時又具國際視野與創新觀點的漢學大師。目前全球的大學在理工典範下的人文教育與學術研究，從大學開始，太注重專一的知識，像這樣的古今中外精通的大師，無論在中國、臺灣或其他地區，恐怕不會再出現了。

　　老師在 1994 年退休前，擔任威斯康辛大學的東亞語文系與歷史系的雙料教授，這是少之又少的學術榮譽。周教授的教學與研究範圍，廣涉歷史、政治、文化、藝術、哲學、語言、文字、文學。對我們研究語文的人來說，就覺得其中以文學、文化、語言文字等領域成就最大。他享譽海內外的，要數有關現代中國的思想、文化、《五四運動史》、《紅樓夢》、古典文學與理論研究及對古文字與經典的考釋。幾十年來，老師以各種學術職位，利用各種場合，以不同方式、不同角度，積極研究與發揚中國文化。他在 1994 年退休前，在美國威斯康辛大學東亞語言文學系，開設中國文化史、佛學史、哲學史、五四研究、中國書法、《易經》、中國語言學史、中國文學批評、研究資料與方法、五四時期的文學等課程，另外他又在歷史系研究所開設了中國歷史的課程與指導歷史碩士／博士論文。他以淵博精深的學識，帶引中外學子們跨越時空，以創新的視野，重新詮釋中華學術問題。

　　周教授由於他著述立論謹慎，所出版的著作不算多，平生由於學問淵博精深、品德崇高，處事公正，好俠行義，除了自己的教學研究，把很多時間用在評審期刊論文與學位論文、教授升等著作審核等方面的學術服務上，像香港、新加坡、馬來西亞的大學的中文系，相互爭取他擔任校外考試委員。所以我說他是「學者的學者，教授的教授」。再加上他自己喜愛閱讀，幾乎無書不讀，無學不問，由於堅持漢學的學術精神與方法，立論謹慎，研究要專、窄、深，往往一篇論文寫了幾十年。他探討扶桑的那篇論文〈扶桑爲榕樹綜考〉，據我所知，六〇年代我還是他的學生時即開始寫了，一直搜

索資料，發表在《嶺南學報》第一期（1999 年 10 月）時已是公元一九九九年了，這是名副其實的，使用大量原始資料，屬於窄而深的專題（monograph）的典型研究。許多他要寫的專書或論文至今九十一大壽了，還沒有時間寫，其中有一本大書是英文的《中國文學批評史》，在六〇年代末就積極進行，他的論文〈詩字古義考〉"The Early History of the Chinese Word Shih（poetry）"就是其中的一章。《古巫醫與「六詩考」：中國浪漫文學探源》也是構想中國文學理論與批評時想出來的章節，由於他決心用他擅長的名物訓詁，繁瑣的考證，深進入古典文獻中確定許多中國文學觀念，可是這樣就需要非常漫長的生命才能完成這項浩大的工程，將近九十時，他不得不放棄了。

　　周老師目前已發表中英文的著述來分析，他淵博精深的學識與研究領域，涉及的範圍極廣，包括文學理論、詩詞考評、經典新釋、曹紅學、古今文字學、史學、中西文化、現代化、以及政論、時論。他在另一領域裏，造詣也非常淵博，如書法、繪畫、篆刻、對聯、集句、迴文、新詩及舊體詩詞等。我們也不能忘記，周教授也是一位重要的翻譯家，印度詩人泰戈爾《失群的鳥》與《螢》，還有至今未成集出版的匯集許多西方古今的詩歌《西詩譯萃》。當然周教授也是著名的新詩、舊體詩詞的作家，書法家。他的篆刻、繪畫都有不凡的作品。周教授編輯好的暫定二十七卷的《周策縱全集》，其所包含，事實上超越這範圍。

五、世界華文文學的新視野

　　由於他與世界各地的作家有密切來往，本身又從事文藝創作，他對整個世界華文文學也有獨特的見解，具有真知灼見。他 1948 年到美國後，就自認要繼承五四的新詩傳統，聯合海外詩人，尤其紐約的白馬社，繼續創作。他所編輯的《海外新詩鈔》就是中國文學發展的重要的一章，不可被完全遺漏。1989 年新加坡作家協會與歌德學院主辦世界華文文學國際會議，特地請周教授前來對世界各國的華文文學的作品與研究作觀察報告。他對世界各地的作品與研究的情況，具有專業的看法。在聽取了 27 篇論文的報告和討論後，他指出，中國本土以外的華文文學的發展，已經產生「雙重傳統」（Double Tradition）的特性，同時目前我們必須建立起「多元文學中心」（Multiple Literary Centers）的觀念，這樣才能認識中國本土以外的華文文學的重要性。我後來將這個理論加以發揮，在世華文學研究學界，產生了極大影響。

　　我們認爲世界各國的華文文學的作者與學者，都應該對這兩個觀念有所認識。任何有成就的文學都有它的歷史淵源，現代文學也必然有它的文學傳統。在中國本土上，自先秦以來，就有一個完整的大文學傳統。東南亞的華文文學，自然不能拋棄從先秦發展下來的那個「中國文學傳統」，沒有這一個文學傳統的根，東南亞，甚至世界其他地區的華文文學，都不能成長。然而單靠這個根，是結不了果實的，因爲海外華人多是生活在別的國家裏，自有他們的土地、人民、風俗、習慣、文化和歷史。這些作家，當他們把各地區的生

活經驗及其他文學傳統吸收進去時，本身自然會形成一種「本土的文學傳統」（Native Literary Tradition）。新加坡和東南亞地區的華文文學，以我的觀察，都已融合了「中國文學傳統」和「本土文學傳統」而發展着。我們目前如果讀一本新加坡的小說集或詩集，雖然是以華文創作，但字裏行間的世界觀、取材、甚至文字之使用，對內行人來說，跟大陸的作品比較，是有差別的，因爲它容納了「本土文學傳統」的元素。

當一個地區的文學建立了本土文學傳統之後，這種文學便不能稱之爲中國文學，更不能把它看作中國文學之支流。因此，周策縱教授認爲我們應建立起多元文學中心的觀念。華文文學，本來只有一個中心，那就是中國。可是華人偏居海外，而且建立起自己的文化與文學，自然會形成另一個華文文學中心；目前我們已承認有新加坡華文文學中心、馬來西亞華文文學中心的存在。這已是一個既成的事實。因此，我們今天需要從多元文學中心的觀念來看詩集華文文學，需承認世界上有不少的華文文學中心。我們不能再把新加坡華文文學看作「邊緣文學」或中國文學的「支流文學」。我後來將這個理論加以發揮，在世華文學研究學界，產生了極大影響。

六、開拓國際學術/文學事業

周策縱對中國學術研究的貢獻并不限于他個人的著作。他的學術事業也一樣重要，其所產生的影響是國際性的。他首先以威斯康辛大學（University of Wisconsin, Madison）爲基地，在長達三十一年（1963-1994）的教學與研究的生涯中，發展以語言文學爲思考角度的中國人文研究的國際學術重

鎮。這是故意爲了與他出身的哈佛以近現代歷史思想出發的研究不同。周策縱教授在 1948 年離開中國到密芝大學攻讀政治學碩士/博士，1954 至 1962 年中間，他在哈佛大學研究，以五四運動爲中心的中國現代化變遷爲研究中心，以回應與挑戰的模式來解釋中國現代化的進程。1963 年到威大任教後，他明顯的從以費正清爲中心的研究近代中國的變遷，從外而內，西方影響下的回應與挑戰的模式，轉向中國人文研究，尤其語言文字與文學的領域。他結合了以中國傳統歷史文化爲重心的歐洲漢學與清代的考據學。他出國前，已對中國社會、歷史、文化，包括古文字學有淵博精深的造詣。他的學術研究可說繼承了中國注重版本、目錄、注釋、考據的如樸學的考據傳統，主張學問重史實依據，解經由文字入手，以音韻通訓詁，以訓詁通義理。周教授從一開始就從中國文化一元論與西方中心論走向多元文化的思考與方法，主張在西方文化對照下研究中國傳統文化，但在西方文化建立的詮釋模式不能充分解釋、西方漢學與中國學從外而內的方法也有缺點，常常反溯到中國傳統是必要的進程。

1960 年代中，鑒于中國以外的歐美有兩百多所大專學院有中文系，加上第二次大戰後，大量中國學者居住在歐美，使到東西文化交融，因此西方與華人學者，通過國際性創新的視野，多學科的思考與研究方法，這有助於重新探討中國文化的必要，尤其中國的人文問題。所以周教授除了個人的教學與研究，另外領導威大的學者，主編《文林》，推動西方學者以多角度多方法的中國人文研究（studies in the humanities），成爲當時西方重要的研究重鎮。

　　很多學術領域的發展，如五四運動、紅學研究、古文字考釋等等教學課程與研究，就從威斯康辛到歐美，到亞洲，都與他的推動分不開。譬如中國文學批評國際研討會在處女島舉行、紅樓夢國際會議在威大於哈爾濱的舉行，主編《文林》，推動西方學者以多角度多方法的中國人文研究。

　　周教授另一項貢獻是其他學者所沒有的，就是鼓勵與推動文學創作。他與世界各地、各個世代的作家，從歐美、臺灣、香港、新加坡、大陸都保持密切的聯系。在 1950 年代開始，由於中國大陸的封閉，他就積極參與美國華人的文學藝術運動。文學方面有白馬社，文化方面有《海外論壇》。他將自己與黃伯飛、盧飛白、艾山、唐德剛等人，1949 年留居海外的詩人看作負著繼承大陸五四以後白話詩的傳統的使命，並編輯《海外新詩鈔》（未出版）。由于長期與世界華文作家的交流與鼓勵，很多年輕作家後來都到威大教書或深造，臺灣有鍾玲、高辛甬、黃碧端、瘂弦、羅智成、周昌龍、古蒙人、蔡振念、王萬象，馬來西亞/新加坡有王潤華、淡瑩、蔡志禮、黃森同，香港有何文匯（師友）、陳永明、陳炳藻，大陸有陳祖言等。周教授的新詩常發表在《明報月刊》、《香港文學》、《新華文學》、《聯合副刊》、《創世紀》等刊物。同樣的，周教授也跟世界各地的舊詩人與書畫家有密切的關系，新加坡的潘受、大陸的劉旦宅、戴敦邦，香港的饒宗頤，臺灣的董陽孜等，他對書畫不止於興趣，也有其專業性，如在 1995 年臺北書法界要編一本民初書法，特別請周教授回來臺北駐了幾個月，把《民初書法：走過五四時代》編好。因爲當今學者沒有開拓過這個領域。當他的學生們預備爲他出

版一本「七十五壽慶集」時，他建議以文學創作爲主，後來便成爲香港大學出版的《創作與回憶》，裏面也收集了周公的新舊詩及書畫作品。

　　周策縱教授不但是學問淵博的學者，在讀書、研究、生活、文學藝術創作上、對同輩或晚輩，具有無限的魅力。世界各地的中國學者都不遠千里前來拜訪那個稱爲「棄園」的家，威大所在地──「陌地生」在世界華文文學上，幾乎就等於周策縱的「棄園」，一個充滿傳奇的文學性的地方，啓發了不少的學者與作家。

　　補記：周老師 2007 年逝世後，爲編輯老師的遺作，我與師母吳南華醫生通訊頻繁。她大約 2008 年末，出現健康的警號。2009 年 1 月 23 日早上，我與淡瑩前往舊金山柏克萊加州大學附近的小城阿巴尼（Albany）的公寓探望師母與琴霓，過後與他們到中國餐館吃了午餐，師母雖然需要坐輪椅，不能走路，但談話精神都還好，想不到 2009 年 3 月 14 日凌晨突然接到琴霓的噩耗，得知師母在附近的醫院逝世了（2009 年 12 月 26 日王潤華補記於元智大學）。

附錄二：呼喚植物人

　　我的老師周策縱今年九十一高壽，3 月初在舊金山北郊阿巴尼（Albany）小鎮的公寓，得了嚴重的肺炎，送醫院後又不幸中風而呈昏迷狀態，至今都仍未覺醒。老師平常喜愛植物，尤其是樹木，陌地生的家叫棄園，就是一個植物園。他的新舊詩多寫樹木，有舊詩云「園中種樹種風雲，伴我無眠伴憶君」。他為了喜愛往返威斯康辛大學途中的那片樹林，八十歲時就自己買了墓地。曾花三十年完成〈扶桑為榕樹綜考〉論文，近二十萬字，1999 年才發表在《嶺南學報》，轟動一時。

　　老師雖然對人類沉淪失望，願與植物為伍，但學生仍然

上圖：1996 年在加州大學（UCSB）校園梧桐樹前。

請求植物讓老師回應我們的呼喚，馬上歸來。

在舊金山，向着海灣
師母與女兒輪流呼喚您
三月也哭成四月了
您還在通向天堂的扶桑樹梢
細心翻閱每一片葉子與果實的進化
爲了考證神話裏的扶桑就是榕樹
現實裏的榕樹就是扶桑？

全球的學者們在呼喚您
您還在史丹福大學寓所外
研究盤踞天地中間的白橡樹
如何把雲霧撕得破爛
然後講解先秦時代
零碎的文學批評理論

學生們在亞洲呼喚您
從大陸、香港、臺灣、到新加坡
發現您仍然留在鄭和登陸的南洋群島上
忙着收集雨樹的天露
磨墨
然後用甲骨象形文字
在芭蕉葉上寫詩

附錄三：棄園詩抄

1. 掃落葉記

聽說我離開棄園十三年

每年的落葉都留到第二年的春天

讓驚蟄後的野兔和松鼠去辨認

每一片葉子落自那一棵樹

讓白楊和橡樹上的綠葉看看

年老後的自己的顏色

當我們花了一個美麗的黃昏

打掃去年的落葉

我發現很多是我十二年前

告別棄園時踐踏過的

難道它們忍著腐爛等我回來掃？

於是我們將前六年的落葉

用來燒飯煮茶

近六年掉下的

留到晚上燒火取暖

突然主人放下懷素之筆

掃落葉的聲音使他感到不安

推開柴門，他驚訝的發現

原來覆蓋著秋葉的庭院

一片綠草像他的草書

有勁的鬚根在大地上

在秋風中飛舞

2‧掃雪記

上圖：王潤華 1985 年冬天在棄園門口（淡瑩攝影）。

據說我告別棄園十三年

每年的積雪到夏天都不會融解

棄園的夏蟲都知道冬雪的白

甚至秋鳥也感受過玄冰的冷

當我們掃除積雪

鏟與冰相碰擊的尖銳聲

使我相信屋角的玄冰
曾在那裡冬眠了許多年

我雙手捧著陳年老雪回去煮茶
水沸騰時的浪潮聲
並沒有驚醒主人
也許他正夢到在園中種樹
竟種了滿樹的風雲
十年多來他把朱門深鎖著
只讓春風秋雨自由的進出

我和其他客人一邊喝茶
一邊跟坐在客廳四周的古董聊天
我偶然忘記外面世界的寒冷
唐朝的如來佛忘了主人還在睡覺
放肆的嘻嘻哈哈大笑

後記：棄園是我的老師周策縱教授在陌地生郊外民遁路的公館。今年參加愛荷華大學的國際作家寫作計劃，因此有機會回去二次。第一次是 10 月 23 日，和淡瑩、楊青矗、向陽、方梓同行。當時落葉滿地，但草地仍然青綠，半個月後再度回去，大雪紛飛，景象與前次完全不同。1985 年 12 月 1 日愛荷華。

附錄四：重訪棄園印象

十三年後，重返棄園

　　我在 1985 年因爲參加愛荷華大學國際寫作計劃曾經回去棄園兩次，而且兩次都是在深夜才按響我的老師周策縱教授的門鈴。

　　第一次重訪棄園是在 10 月下旬，當老師打開門，這一座三層樓的洋房，屋內一片黑暗和寂靜。師母吳南華醫生，因爲達拉斯那裡有重要的職務，她常年住在美國南部；周聆蘭、周琴霓，兩位富有藝術才華的女兒，現在長大了，定居在舊金山，追求她們的藝術世界。她們小時候，每年在聖誕卡上，都與周教授共同大展書畫詩歌之才華，常是周教授寫字和雕刻，而她們畫畫；有時則是周教授寫詩，而她們翻譯。

　　可愛的德國牧羊犬，也不在了，雖然我彷彿還聽見牠表示歡迎的吠叫聲。記得那時我正開始在周老師的指導下撰寫司空圖的博士論文。司空圖歸隱山林，取號知非子，表示終于了解人間是非黑白。周老師因爲看到這條狗深通人情世故，又落戶棄園，因此替他女兒作決定，取名知非。幾年前知非因老病死，周老師還作詩紀念這隻愛犬。

　　當天晚上，我們深恐會驚動牆上許多古畫和收藏在櫃子裡的古董，壓低聲調聊了一陣，便各自睡去。我照舊睡廚房

底層右邊的客房，我翻來覆去都不能成眠，因為這張彈簧林上堆積了太多著名學者和作家所留下的夢幻。紅學家趙岡、周汝昌，名作家如卞之琳、艾青都在這張床上睡過。

棄園是我的傳統書院

在客廳過了一夜的向陽和楊青矗，第二天告訴我，昨夜在歷代的山水和古典人物包圍之中，實在很難入眠。歷史，特別是中國歷史，最易使人清醒。

我在第二天清晨，向屋子四周巡視一番，雖然現在師母和兩位女兒都住在別的州，可是這間寬大的房屋，卻顯得比以前擁擠。寬大的客廳，古董古玩、古畫古字，已從四壁走下到地面，佔據了茶几桌面，還跑到沙發椅子左右的地毯上。屋里所有的桌面，從書房、客廳、睡房到廚房，都是一本本攤開的書和稿紙，都是一篇篇還未完成的研究論文。書籍刊物在 1968 年，當我開始進入棄園的時候，首先地下室的藏書庫容納不下，周老師便在屋後擴建一間圖書室，現在這間圖書室連走路都沒空間。自從師母去了達拉斯，周老師的藏書又侵佔了客房及睡房。怪不得以前師母曾開玩笑的說，她寧願僱用出租汽車，隨時載老師去圖書館借書，也不要他買太多書。書齋早在我們唸書的時代已在棄園成為書災。

這間屋子內，實在遺留下太多的回憶。坦白說，我在威斯康辛大學的東亞語文系里的回憶，實在不太多，即使有也很普通。當年我們在威斯康辛大學唸中國文學或比較文學，所學的東西可說一半是在大學的講堂得到，另一半是在棄園的聊天吃飯中獲得。沒有棄園的輔導式的聚會，我們便得不到許多周老師要傳授給下一代的學問。和我同一時期在威斯

康辛大學的同學中，像洪銘水、鍾玲、陳永明、高辛甬、張萍、何慶華、陳廣才、孫以仁、淡瑩、陳博文等人，都是棄園的常客。我們這一批在 1972 年左右畢業，相信後來的周教授的學生　也是繼續接受棄園的亦友亦師的教育薰陶。

邊緣地帶，邊緣思考

我第二次重訪棄園，已是冬天。抵達棄園時又是深夜，而且遇上大雪。第二天我起來，大門外大雪堆積如山，幾乎不能推門出去。棄園寬大的院子白茫茫一片，我花了一個多小時，才把人行道上的冰雪剷除。門前車道旁的路牌民遁路也被冰雪遮蓋住了。

每年冬天，周教授的公館最符合他自己常在詩文之後所寫的「陌地生民遁路棄園」，這是自我放逐的地方。　在這邊緣地帶，老師的邊緣思考，給鼓勁的中國學術研究，建構了許多新典範。

附　圖：

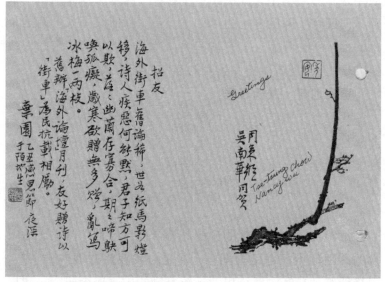

上圖：1985 年周教授父女二人合作設計的賀年卡，上為次女
　　　周琴霓的素描與英譯周教授的舊詩。

哭犬知非（Jiffy）（有短序）

生聚難占死別來，喪非經過不知哀。
相依十二年相慰，反襯人間萬事乖。

知非以一九七一年五七國恥紀念日出生，
今年四月十一日去世，差二十六日即
是三歲。其間予旅港幾一年，故相依共十二年。
——一九八四年四月十三日

上圖：周教授與愛犬知非及其追悼詩（周策縱提供圖片）。

上圖：周老師的書齋成了書災，沒有空間走進去（王潤華 1996 年攝影）。

附錄五：棄園內外

隱藏在綠林中的棄園

棄園是我的老師周策縱教授的住宅，它在美國威斯康辛州的陌地生（Madison）西郊。從六〇年代開始威斯康辛大學任教，以後世界各國的中國研究學者作家，很少不造訪棄園，因此棄園成爲了學術界的傳奇。

我 1972 年的夏天獲得博士，就離開陌地生。十三年後，去年（1985）9 月 2 日，有機會回去棄園小住幾天。它對我來說，簡直就是我的故居。以後每次回去威大，一定在棄園住上幾天。棄園也是我讀書學習的書院，我在此向周老師學到的東西，可能比在威大課室所得還來得多。

畢業了十三年，再次回來，棄園的樹木高大而茂盛，幾乎把老師的公館隱藏在綠葉中。現在要從紅色的大門進去，必須把柏樹的小枝椏撥開，才能擠進大門去。1985 年冬天回去時，冰雪堆積在大門前，擋住人進出。這表示主人深居簡出，常年埋首於研究中，偶爾回大學時，他是開車從車房出去的。

棄園的地址是陌地生民遁路 1101 號（1101, Minton Road, Madison），座落在一個叫綠樹坡之下。多年前，師母已遠去德薩斯州從醫，女兒聆蘭和琴霓也定居舊金山多年，老師一

人住在此，加上他常出國開會和探親，如今春夏間棄園被綠樹青草包圍，冬天爲冰雪掩蓋，此種景象，已是名副其實的棄園了。

客廳擁擠的訪客

可是當我走進屋內，屋子並不因爲只有一位孤獨的主人而變成空蕩蕩，相反的，原來寬大的客廳，現在顯得狹小得很，四方八面，從地毯上到高高的牆壁上，卻擠滿了書法、繪畫、書籍、骨董；西湖湖心亭的瓦片，孔子故居的磚塊，佔據了桌子和椅凳；權威性的新書擺滿了沙發和茶几。想在沙發上找個座位，想在茶几上放杯茶，都不容易找到一個空間。

雖然，棄園的主人埋首書中，但訪客並不減少。我翻閱了訪客簽名簿，第一本簿子在 1986 年 9 月 16 日周汝昌簽名後結束了，第一位訪客是瞿同祖，那是 1960 年 12 月 25 日，前後二十六年。第二本簽名簿從 1986 年 10 月 19 日開始。這二本簽名簿目前已成爲研究成大漢學研究活動的最寶貴紀錄了。

書籍把主人逐出書房

我還在讀書時，大概 1968 年吧，老師在客廳的北面擴建一間藏書樓，作爲研究和藏書的圖書館。如今它的大門緊閉著，老師不讓我們進去。原來幾年前開始，裏面書籍堆積如山，連走進去的空間都沒有，他自己也是要用書時才會進去。

自從被書驅逐出書房後，老師目前利用餐廳作他的書

房。不過整個餐廳、四周和大餐桌上都是書本，遲早又會被書本佔據，把老師趕走。以前的客房，現在也被西洋文學的書佔據，地下室老早放滿了期刊和套書。樓上三個臥室全堆積了書。以前聆蘭的臥室，現在放滿了文學批評的書。

　　周老師的藏書，目前已進入了廚房。壁櫥裏放的不是碗碟杯盤或食物，而是書籍，特別是關於健康食譜的書和中國名菜，如《江南名菜》、《紅樓夢飲食譜》等書。我擔心不久以後，我的老師會被書籍和古典驅逐出廚房！

上圖：1985 年秋天重返棄園，柏樹擋住了右邊的大門
　　　（王潤華攝影）。

上圖：1985 年的冬天第二度重返棄園，大雪擋住了大
　　　門與車道（淡瑩攝影）。

上圖：棄園的客廳都是書法古董（1985 年王潤華攝影）。

附錄六：天　書
── 閱讀《五四運動史》後贈周策縱教授

從落葉中醒來
冰雪已哭成灰爐
三個黑影
依靠着廟簷下的香爐
等待從木炭中尋找我的骨頭

而我，卻
躲藏在傾塌的神殿
用刀和血，磨滅額上最骯髒的字
偶然間，發現
三十六人的姓名
印在天書的扉頁
「請你用響箭
將我滿口的火焰，射過水滸
刺穿山寨黑暗的寂靜吧！」

「除了我的外號，多次
伸手入火盆內，也摸不到一粒火種

一根草，一個饅頭

一滴酒，一種女人的要求……」

因此

或風或雨，或雷或電

踏著荒年的瘟疫

讀著樹上緊急的榜文

我走向冰雪封閉的門

飢渴地問

「此間去梁山還有多少路？

這條是不是最近的路？」

刊於《明報月刊》69 期（1971 年 2 月）

附　註：

林沖踏著那瑞雪，迎著北風，飛也似奔到草場門口，開了鎖，入內看時只得叫苦。原來，這場大雪，救了林沖的性命：那兩間草廳已被雪壓倒了。林沖尋思：「怎麼好？」放下花鎗、葫蘆在雪裡，恐怕火盆內有火炭延燒起來，搬開破壁子，探半身入去摸時，火盆內火種都被雪水浸滅了。林沖把手牀上摸時，只拽得一條絮被。林沖鑽將出來，見天色黑了，尋思：「又沒有把火處，怎生安排？」想起離了這半里路上有個古廟可以安身，「我且去那裏宿一夜，等到天明，卻作理會。」

只聽得外面必必剝剝地爆響，林沖跳起身來，就壁縫裏看時，只見草料場裏火起，刮刮雜雜的燒着。當時林沖便拿

了花鎗，卻待開門來救火，只聽得外面有人說將話來，三個
人在廟簷下立着看火。數內一個道：「這條計好麼？」一個
道：「端的虧管營、差撥兩位用心！回到京師，稟過太尉，
都保你二位做大官……又聽得一個道：「便逃得性命時，燒
了大草料場，也得個死罪！」一個道：「再看一看，拾得他
一兩塊骨頭回京，府裏見太尉和衙內時，也道我們也能幹事。」

　　把富安，陸謙頭都割下來，把尖刀插了，將三個人頭髮
結做一處，提入廟裏來，都擺在山神面前供桌上，提了鎗，
便出廟門投東去。走不到三五里，早見近村人家都拿了水桶、
鈎子來救火。林沖道：「你們快去救應，我去報官了來！」
提着鎗只顧走。

（上引「水滸傳」第十回）